洱源縣圖書館 編

洱源縣圖書館藏古籍善本彙編

中

广西师范大学出版社
GUANGXI NORMAL UNIVERSITY PRESS
·桂林·

本書得到『雲南省哲學社會科學學術著作出版專項經費』資助

目録

滇詩嗣音集（一）

滇詩嗣音集二十卷補遺一卷　卷一至卷十五
（清）黄琮編纂
清刻本

滇詩嗣音集二十卷補遺一卷

地方詩歌總集。清黄琮編纂。黄琮字象坤，昆明人，生活於道光、咸豐間。代黄琮搜訪者以黎城（今華甯）王發越、保山范仕義、昆明戴絅孫、南寧（今曲靖）喻懷信爲最力，並經其母舅呈貢戴淳鑒定，而范仕義又助於刊資，咸豐元年（一八五一）刊版印行，版藏五華書院。同治二年（一八六三）燈宵之變，書院焚毁，其版片遂成灰燼。到光緒二十七年（一九〇一），昆明陳其寬重刻，陳榮昌爲《序》於前。此書收入《雲南叢書初編》。此書繼袁文典、袁文揆所編《國朝滇南詩略》而作。黄氏認爲《詩略》編成已有五十年，在此期間又有許多作者産生，『敬伸桑梓，久欽前輩之才名，豔摘蘭茗，猶待後人之薈蕞』。此編即是鄉前輩詩作之『薈蕞』，也包括《詩略》遺漏的作者與作品。全書共收作者二百餘人，始於清康熙时人遲奮翮，終於道光間張晋熙。入選作品最多者爲劉大紳（一百五十首），獨佔兩卷，其次爲師範（一百三十一首）、羅覲恩（七十九首）、袁文揆（七十七首）、張履程（五十八首）、錢允濟（四十四首）、李於陽（四十一首）、王毓麟（三十四首）、程含章（三十三首）、劉士珍（三十一首），其餘皆在三十首以下。入選作品以模山範水、流連光景與羈旅行役爲多。①

① 雲南省文史研究館：《〈雲南叢書〉書目提要》，北京：中華書局，二〇一〇年，第二六四頁。傅璇琮、許逸民等主編《中國詩學大辭典》，杭州：浙江教育出版社，一九九九年，第八三〇頁。

滇詩嗣音集一

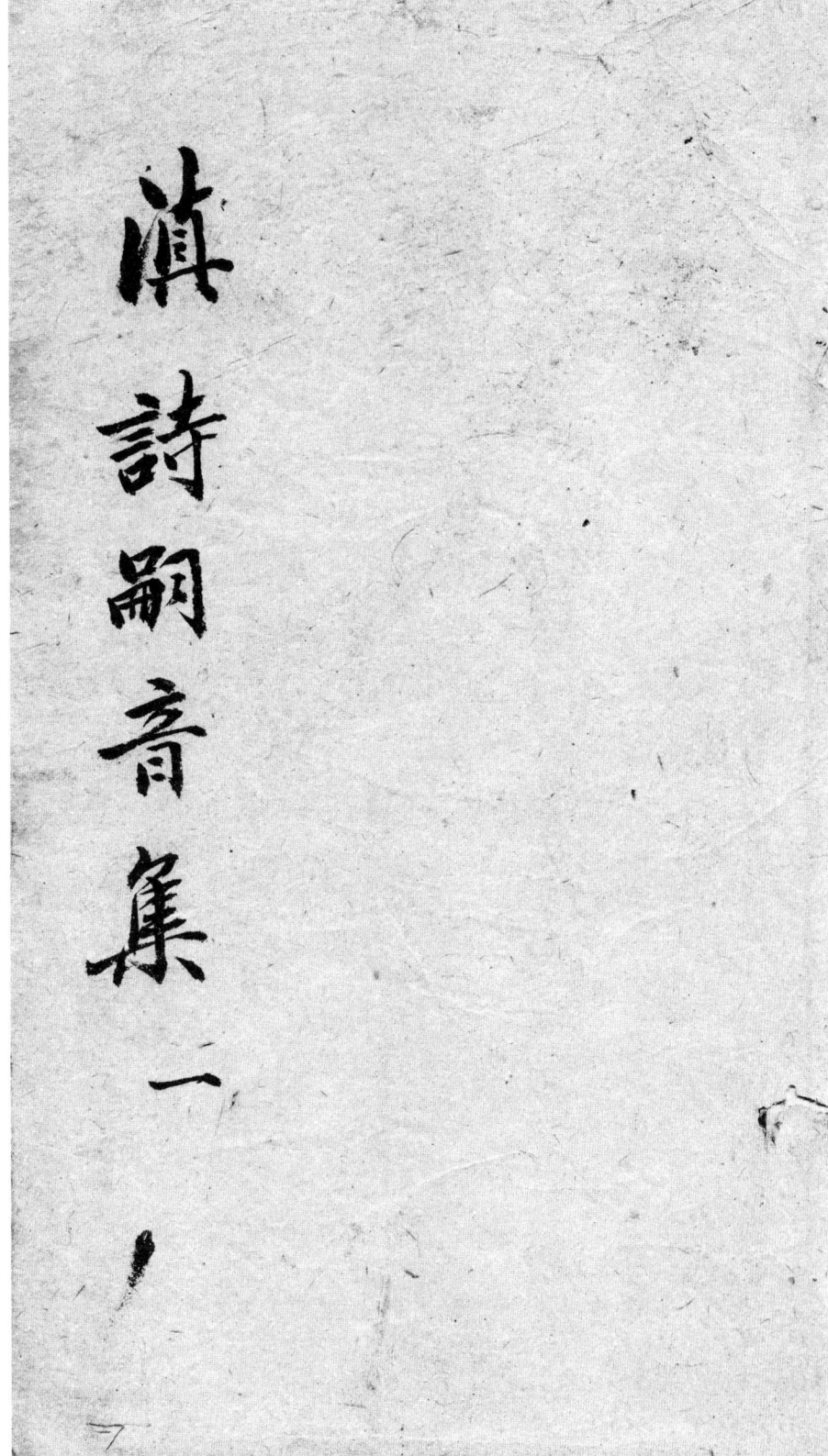

滇詩嗣音集共計捌本民國

丙寅年元宵前二日時在省

議會寓是日春雨滂沱并記之

自修謹識

重刊滇詩嗣音集序

滇詩之纂輯自保山袁氏詩畧始繼之者有昆明黃氏嗣音集又有石屏許氏重光集重光集未成而許氏殁其餘稿歸劍川趙氏續成之詩畧與嗣音集咸

同間遭兵燹其板燬矣羅星垣
太史請於林贊虞中丞重刻詩
略袁氏之書乃復行於世而嗣
音集傳本尤稀物色久之始
獲其全部慨然捐貲以畀梓
人則吾師陳栗齋先生力也

先生以同治甲戌進士工部主事
改外爲四川安岳令致仕歸昆明
於鄉先輩遺書有表章之志
刊是集未畢先生遽歸道山
詰嗣香圃繼其志卒刊之印百部
以餉同人嗚呼韋哉吾滇士習

樸其失則鄙先輩所著書往往
藏之家不以問世樸故也即問世
矣歷年久板片殘缺甚且煨
燼其書亦漸就消滅後之學者
既不加搜訪偶得其書又不甚珍
惜間有能珍惜者亦只插架

東閣不能再付剞劂以廣其傳後無必已而已窮措大固不任其責有力者但治家人生產視此等事若無與於己然他人或議及之匪唯弗贊其成且謂此迂生所為相與非笑之嗚呼豈不謬哉貴所

鄙之若其文集辭語吾粟齋
先生者力足副其表章之志惜
乎志未竟而身先死也使其身不
死而充其志所欲爲則先輩遺者
賴以流傳者豈止一刻音集耶
天何奪吾先生之速也嗚呼先

生已矣先輩遺書待刊者尚不知凡幾噫誰之責噫誰之責此後死者所爲惄然傷惶然懼也光緒三十四年歲在戊申八月十五日昆明陳榮昌謹序并書於翠湖之稻花香處

序

若夫履蒼山而搜屏石。如登羣玉之峰。泛滇水而采鉢蓮。儼入衆香之國。星雲丕爛。二百年　聖化涵濡。楨榦騈羅。十四郡人文炳蔚。握靈蛇而譽重。稱繡虎以才雄。摹詩體於三唐。陋賦心之一卷。廣收楚梓。合纂襄陽耆舊之編。濃爇班香。奚讓河嶽英靈之集。曩者瀾滄老宿。臥雪高風。陶村蘇亭兩先生　軾轍齊名。郊祁接武。擅驚人之奇句。發思古之幽情。採風蕘徧乎全滇。作賦儼期諸十稔。盤蛇楨木。遠搜曠代之謠。半谷中溪。兼錄勝朝之作。

逮夫　天開文運。南見彩雲。金碧多才。有淩謝轢顏之彥。瑯嬛選勝。擅崇山宗海之奇。羅洱水之遺文。成藝

林之盛事此猶藍田剖璞收白璧之一雙赤水探珍獲
明珠於四寸者矣然而風霜屢易山水方滋五十載作
者代興都諧鳳吹三百篇斐然之製漫哂蟲雕雖寶劍
騰精共識斗間氣紫而焦桐入聽孰憐爨下聲淸宜披
卷而浣薇或連篇而覆瓿將使落霞秋水烏啼王勃之
魂冷月荒墳鬼唱鮑家之句敬伸桑梓久欽前輩之才
名豔摘蘭苕猶待後人之薈蕞也家　古村舅氏評公
月旦壇主風騷交徧結乎老蒼室多藏夫竹素琮乃請
沈鐵網羅彼珊瑚藉引金鍼賴茲磁石道存知白不辭
集狐腋之裘去取多出舅氏衡裁功靳殺青恆自寫蠅頭之楷
鈔胥之人爲書底本經始己酉之夏編成庚戌之秋既入谷以尋

蘭每披沙而見寶識韓門之諸子劉寄菴先生五子詩鈔李即園楊丹山池籥庭詩皆入集笙磬同音羨竇氏之連枝師荔扉先生及哲弟素人珠璣百琲元次山篋中名集寄菴先生五華詩存荔扉先生小停雲館芝言採摭居多溫飛卿漢上題襟流傳不少徐勉齋太華山詩錄尹退谷存遺錄竹林玉露心驚董子之才勿軒茂才燕麥春風手校劉郎之稿春舫大令剜苔剔蘚有時錄向雞碑鯉往鴻來大半傳之驛使王英齋觀察范廉泉明府戴雲帆侍御何樂山檢討喻芳余孝廉載甄文格無取乎瓊岳銑溪如此詩腸何假於引商刻羽若乃門施行馬遇等攀鱗夢屢兆夫三刀集早成於一品丹綸灑翰賞春城御柳之篇紈扇標題署隴首飛雲之什技本工於奪錦字合配以籠紗而或邑乘無徵楹書久蠹有愧雞林良

賈遠求白傅之詩等諸狐史新編竟缺韋公應物之傳復有方干蠖屈周朴鴻冥既久困於鹽車猶耽吟於醋甕白頭不遇翻嘲榜上無名紅粉難逢疇拂壁間題句獨彈雅調問誰知韶濩之音大有清才竟未梓江湖之集憐嘔心於長吉古錦爲囊合頫首於浪仙黃金鑄像斯則稿求司馬探驪頷以皆珍句錄高蟾獲鳳毛而逾貴者矣且夫購肆中之奇作久疑陽五於古人更亭上之新名始信孟六爲才子駿已空而市骨豹既隕而留皮惟沒世以名揚亦蓋棺而論定江文通之殘錦才郎盡於生前林和靖之詠梅稿半求諸身後文收累牘多緣卷束牛腰詩取一篇不使疵留鶴膝以逮松風水月

愛瓶鉢之清吟。蘭質蕙心。摹璇機之妙繪。經名千佛。錄著百家。可不謂價重球琳聲鏗金石者乎至於操觚甫竟刻楮猶慳。詎能本縮蘭亭壽之珉石不比經鈔藩邸貯以巾箱乃有敬輿憐才。稼堂中丞盈川好事。春嶠大令幸廉泉之分潤俾棗木之新鐫。計鳩工者逾年。得鴻文於廿帙。芟去鍾嶸詩品。差免是丹非素之譏。卷中評點概從闕如。續將蕭統選樓。任來看碧成朱之誚。餘例一仍詩畧。好音可嗣請聆茲南國之風遺稿猶珍。擬瘞彼西山之麓。將瘞稿西山爲詩家云

時

咸豐元年四月浴佛後二日矩卿黃琮序於五華書院

之藏書樓下

滇詩嗣音集

目錄

卷一

左熙俊一首　杜東軺一首　余萃文五首
羅慶恩二首　高上桂一首　施浥培一首
尹壯圖三首　楊衍嗣一首　王運昌一首
王紹仁一首　葉如瑃一首

卷二
劉大紳五十首

卷三
劉大紳一百首

卷四
師範七十九首

卷五

卷六

卷七

卷八

卷九

卷十

卷十一

卷十二

左章照一首 劉士珍三十一首 張序二十首

楊昌一首

卷十三

羅覲恩七十九首

卷十四

錢允濟四十四首 萬本齡十八首 楊暭二首

呂煜一首 倪國正二首 曾德光一首

師箴一首 曹樸十四首 尹輔二首

郭惟元一首 孟介石一首 張從孚三首

湯銘一首 陳達二首 萬重賢一首

艾濂五首 陳鈺一首

卷十五

卷十六

卷十九

段　煜五首　馬之龍六首　陳鴻飛一首
羅士瑜一首　劉　棠一首　劉家齡一首
任體和一首　李文曜一首　黎元功一首
趙允隨二首　時　鴻一首　王德潤一首
佘　政一首

卷二十

桑映斗十八首　傅師任一首　桑柄斗一首
郝　洵四首　朱　淳一首　劉　昉一首
歐陽豐三首　張　璠一首　施介曾二首
黃廷璠一首　陳西美一首　楊銘柱一首
喻懷仁十八首　李廷福一首　李　杰六首

附方外

附閨秀

滇詩嗣音集　目録

補遺

李　翊十四首　張登瀛一首　李　翊二首

楊元升一首　唐　麟一首　許應藻一首

羅士樑一首　羅士菁一首　張雲熙一首

滇詩嗣音集卷一

昆明許樹聲新之校正

呈貢戴淳古村定　昆明黃琮象坤輯

遲奮翮 字鵬南昆陽人貢生有履齋集家訓滇南文獻輯略

勞農

南畝風日佳。行行不能緩。荷笠插苗新。攜鋤引水滿。微言謝農人。力耕愧吾短。

聽泉

愛坐巖前石。聽泉瀉碧流。山容含太古。雲意入新秋。託體思同澹。滌塵興自幽。潺潺聲不斷。欲去又重留。

歲暮還鄉

詩在奚囊書在簏。蕭蕭班馬出江城。談經四載更寒燠。

說史千秋閱晦明。帶雨新花憐世態。凌霜老樹見交情。
好山大有留連意。一路青青送客程。

范啓仲　號弗如昆明人布衣有希希堂稿

述懷

挂我雄劍。理我素琴。胸中浩氣。腕底清音。虛窗片席。明月忽侵。更無富貴。可以驚心。

振古事業。際地極天。一舉措之。道本自然。賤非加醜。貴不增妍。行吾素位。怡我心田。

春日作

人說春急遽。鳥說春綿延。一日爲一歲。風流九十年。富者憂不足。貧者苦不閒。嬌紅日日醉。我欲作花仙。

有感

山回嫌我直。水流嫌我固。有動悉乖違。人生感行路。

宮詞

倦聽銀壺宮漏聲。無聊獨步玉階輕。嫦娥鎖月閒如許。與妾平分一半情。

待花

盡日看君君不開。闌干曲曲儘徘徊。相逢切莫推明日。只恐漫天風雨來。

徐　松　字子茂宜良人布衣有遯耕草

山居

逢樵聊與行。遇僧且姑坐。淡泊養天眞。貧賤何不可。魚虎尋遭擒。鸚鵡言被鎖。我自不干人。人安得知我。

築室依危壁。巖高路一線。冬日以爲裘。夏風以作扇。長向南澗濱。掬水浣塵面。覽勝萬峰頭。行行不知倦。

喜不報山中。簷前不聽鵲。病不侵窮人。鐺中不煑藥。看徧桃源花。只因春有腳。百鳥噪枝頭。何以云寂寞。

雲臺寺

千松萬松搖天風。雲臺突兀清陰中。結伴重過共登陟。飄飄疑是來崆峒。崆峒山下赤松子。我昔命名亦以此。恥受秦封五大夫。願雜其間儕鹿豕。紆迴初上一層臺。捍門怪石高崔嵬。恍若置身風雨夜。巖懸素練鳴空雷。穿雲不憚繞山麓。萬歲枯藤纏石木。廣長聲悟一溪流。

琤瑽響動千竿竹。樵人伐木耳丁丁。山禽迓客爭和鳴。漸轉林深聞犬吠。祇陀早近梵王城。寺僧揖我淩高閣。指掌千峰見寥廓。步屧疑從天上游。笑談儼自空中落。白雲去住總無心。綠樹參差圍帳幙。閒身那得似僧閒。野鳥飛飛倦復還。縹緲上方離色相。清涼淨土隔塵寰。坐久不知三伏暑。到來常共九秋寒。半窗明月分僧榻。一枕清風覺夢殘。適興長歌欣有作。賡吟只共松篁約。

山居雜詩

山深人不到。扉敞任雲封。心旣空如竹。身應老似松。持觴尋曲水。策杖越高峰。鹿豕成余癖。朝朝任往從。

紙鳶

輕薄行藏慣借風。一絲竟欲挂長空。高低在我提攜裏。來去由人收放中。巧學鳴臯聲斷續。甘成搖尾影西東。雖然徧覔雲霄路。卻與飛鵬迴不同。

楊　暾　定遠人康熙丁卯舉人官知縣

過友人宅

愛汝幽居勝。經過趁夕曛。當軒聽流水。倚檻送飛雲。卷裏詩難和。樽前酒易醺。歸時見新月。秋色恰平分。

陳玉書　字宣麟安寗人康熙乙酉副貢

閒雲

閒雲愛疾風。不復自安適。知我盧堂靜。似欲避捉掖。雲來我不驚。願言共倘佯。淸影覆曲池。素光抱幽石。幸勿出高林。雨師恐相役。

李如玉 字其人南甯人康熙戊子舉人入祀鄉賢

游新興靈照寺

空外樓臺見。林梢鐘磬聞。松濤千澗合。嵐影半天分。山
靜惟鳴鳥。僧高第臥雲。眼前詩意在。花雨落繽紛。

陳國弼 字公輔昆明人諸生

羅漢巖雨後看瀑布歌

僧窗三日秋雨零。千峰路暗雲冥冥。曉來晴光初入扃。
杖藜步壑風泠泠。巖泉百道聲可聽。寒潭漲起龍涎腥。
太華霧斂呈眞形。下流瀑布如驚霆。恍疑波濤溢四溟。
無端洞穴穿瓏玲。懸巖更愛空翠屛。珠簾半捲千娉婷。

冰絃百億手不停。似奏廣樂鈞天聆。半窗忽展白鳳翎。襹褷戲舞偕仙丁。明珠百琲光晶熒。天橋横空度竛竮。我欲往草新宮銘。碧虛道阻銀浤渟。寒泉一酌肌膚靈。人間小住三千齡。

張　霖號耕雪南甯人諸生有還古齋詩集

趙廷實臥病過訪有作

蕭索離羣嘆。乘閒偶一過。地偏秋雁少。山古夜猿多。兩載成羇旅。孤蹤寄薜蘿。由來祛病法。端不廢長歌。

雨夜

滴瀝空階永。幽懷欲問天。不堪兒女大。況復歲時遷。鄉夢豈能斷。客懷空自懸。挑燈頻坐起。一聽一淒然。

趙允晟字旭初太和人諸生有香嵓詩草

水月關

一葉蒲帆十日游。偶思閒眺上層樓。東浮嵐翠圍三島。洱海有金梭赤文玉几三島西接人煙壓四洲。海西有青莎鼻大檻鶴鴛鴦馬廉四洲外草分騎馬路。窗前柳繫釣魚舟。騷情還卜中秋夜。月色波光向此收。

闞莊臨字履端昆明人雍正癸卯恩科武舉

太史祠

蒼翠常時望澗阿。今朝笠屐一來過。溪山獨往耽吟眺。俎豆千秋拜薜蘿。濮禮議興臣節壯。泰陵園在主恩多。謫仙橋畔頻懷古。太息風流委逝波。

吳希陵字泰巖易門人雍正甲辰進士官桃源縣知縣

天然寺

峻絕巉巖畔。凌空出化城。一門穿地險。四壁訝天成。偶此襟懷適。翛然境界清。歸途回首處。秖見白雲橫。

唐開中字建五號雲臺路南人雍正丁未武進士官貴州提督有戎馬閒吟

官齋

官署靜如水。入春幽興賒。老鈐來問字。小豎去澆花。行蟻頻分國。游蜂早散衙。端居更何事。薄酒是生涯。

古州新設未建衙署暫起茅屋數椽率賦

誰道衙齋森晝戟。土牆茅屋擁柴門。催開宿雨花盈樹。約住清風竹半軒。三水紆迴孤島合。眾山羅列一峰尊。

古人吏隱稱難得。我已兼全荷　主恩。
僅如村舍強名官。檢點行藏獨倚闌。俸薄有時賒酒醉。
公閒無處借書看。苗民可格何難撫。案牘雖繁頗易完。
清夜勝人惟一事。不驚心處夢魂安。

王嶺報捷　雍正十三年春余帶兵三百名擊賊數萬斬獲無算

風色蕭蕭擁畫旂。孤軍三百勢如飛。豕蛇負固依山險。
貔虎銜鋒仗　主威。第使烽煙銷伏莽。行看林木變春
暉。山苗埽盡無餘孽。方許征夫解戰衣。

春興

柳營芳意入春風。鳥語花香處處同。一騎遠投山邑裏。
三軍同坐水聲中。豈知匝月陰雲合。獨遇清晨霽日融。

諸將更嘗勤努力須知一戰早成功

至凱里有感

數載頻經此地過林間不復聽樵歌四山落日行人少
一路新墳戰骨多僻壤何時豐黍稷荒村猶未息干戈
我來空負君恩重滿目淍傷愧若何

賓嶼 號筆山石屛人雍正己酉舉人官珙縣知縣重宴鹿鳴欽賜進士有夢鼇山人詩鈔

南陵秋感

廿年燕市客江上更淹留細雨寒蟬夜微風碧樹秋向
人羞短髮何日買歸舟羈旅心中事空餘百斛愁

元江旅懷

白沙淺處見扁舟日日人來古渡頭土屋千家環郭近

長江一水抱城流。雲蒸煙樹常疑夏。雨落郊原卻似秋。遊旅蕭條身是客。客中時起故園愁。

旅夜書懷

笑語如聞夢覺非。茅齋遙想幼牽衣。幾回腸斷空山夜。游子天涯尚未歸。

唐信採 晉甯人雍正己酉拔貢官大理府教授

山中

山中長夏足逍遙。飯罷攜筇過小橋。偶值鄰僧閒話久。不知明月上松梢。

李　綬 廣西人恩貢生

晚眺

散步前村豁遠眸。奇峰那數翠屏幽。圭山樹密藏僧寺。環浦名山煙輕出郡樓。夜雨白翻千澗水。夕陽紅抹一林秋。牧童傍晚來何處。短笛聲聲過隴頭。

郭飛龍 字雲從昆明人雍正癸丑武進士

寄姪召蔭 時合粵中

不盡相思意。滇南與粵東。據鞍懸往日。守土慎清風。春雨榕陰碧。炎天荔子紅。深宵潮響歇。應夢白頭翁。

劉靜軒 河西人乾隆丙辰恩科解元

松歸寺

石徑紆迴古剎幽。吟鞭到此暫淹留。前峰雲氣多藏雨。斷澗泉聲秖似秋。竹篠碧沈山下路。松陰清覆水邊樓。

老僧款客殷勤甚。煮茗香浮玉一甌。

周　鋐 號蓮舫石屏人乾隆戊午舉人

夜抵清溪

落日江天暝。暑收涼氣侵。更看新月上。漸掃暮雲陰。螢火流荒草。蟲聲答遠林。客窗渾不寐。一夜故園心。

劉心傳 字紹唐石屏人乾隆辛未進士

寄謝峩菴

析木津高獨倚樓。思君三月向揚州。玉簫金管煙花域。錦纜牙檣夜月舟。春在客中偏易老。人從別後迥添愁。相期舊有還山約。何日林泉結勝游。

呂祖望 字伯上南甯人乾隆壬申舉人官劍川州學正

夢歸

俯聽秋風急。仰視白雲馳。離家事壯游。路遠歸何期。孰云歸無期。此時夢見之。入門說旅況。相對情依依。須臾忽驚別。枕上方凝思。安得常會面。夜夜夢中時。

高鳳翥 字羽豐昆明人乾隆癸酉舉人官餘干縣知縣

言訪

言訪隱人居。遂至樵人屋。野水入流雲。春鳩歇深竹。偃松白鶴棲。敗籜蒼鼠逐。欲去問前蹊。夕陽下山麓。

李翼茲出塞圖詩

不道臥冰履霜殊情理。亦不信北風雨雪號怒胥參死。一片故鄉白雲蓊鬱蛩逐行人來。起伏關河幾千里。歸不知爲人子。往不知爲人孫。泣含不落聲已吞。躑躅徘徊。幽怨嗚咽。乃在長安帝城之北門。車轔車軸鬼爲挽。平沙窸窣人來遠。報劉日短苦無云。速就卜魁問餐飯。北亦不知忽。南亦不知儵。心中眼中形影續。父子迎門一聲哭。何有人間夢寐眞。乃使陰山之南天山之北。倏忽蓊勃生陽春。雷襟雨面涕淚零。溫胡琴琵琶喜雜陳。草心煦旭知有母。績苧擘麻今仍否。十年魂魄落重淵。地濶天荒星散走。母今平安兒身健。鄉書醉把燈光亂。纍臣淚久玉門騙。虎兒飛勝金河雁。金河水暖河冰開。酡酥差差客到來。賈胡坐地認父子。前者嬉僂後者咍。晴絲噓空三百丈。雪作楊花時一漾。天隅無夢旅人閒。

手把醍醐錯安放。有祖有母負金（山名）趾。忽話問安兩心死。迴風作旋攪日光。怨氣入雲沈不起。割慈忍愛陂陀顛頓萬里還長安。海船達岸千人歡。人生大節忠孝如斯耳。曾閔不知關與山。關山難。離別久。坐客如雲都上壽。願得君家北堂萱花長滿堂。玉繩寶婺遙相望。精誠之至天爲襄。重迴日月幽都光。溺淚不須灑衣裳。吾輩秉筆書孝子。出塞之圖圖止矣。

袁文典字儀雅保山人乾隆丙子舉人官廣西州學正有陶村詩鈔明滇南詩略

題陶靖節集後

先生何所有。種得門前柳。猶恐荒三徑。不爲折五斗。高臥北窗風。醉飲東籬酒。餐英采黃華。賦詩娛白首。臨流興自清。酬觴人不偶。苐得琴中趣。揮絃不在手。苐會書中意。求解不在口。羲皇以上人。魏晉能有否。

讀采蘭引有懷升菴先生 先生過響水關賦此

客從關前來。苐聞水湯湯。誰知九畹蘭。猗猗山之陽。綠葉與紫莖。春華而秋香。美人不相見。草木悲元黃。采采遺所思。紉佩垂衣裳。鏗鏘出金石。臭味共芬芳。尼父久不作。靈均空自傷。我亦猶蓀芷。感此興懷長。

思江魚

永昌南北兩江滄與怒。時魚獨讓蘭津渡。二月春雷昨夜喧。互口細鱗來無數。我欲滄江學釣徒。汲來江水煮江魚。臨風不減煙波興。作客空懷尺素書。

題西南第一橋圖寄贈葉椸楊君

君不見龍關橋頭好詩句。桃源亦在椸西路。又不見織鐵懸梯飛步驚。太史豪吟舊有名。君家太史來滇日。氣節文章誰與匹。自昔曾題駟馬橋。於今重見長卿筆。此橋端不亞天生。鎖鑰西南誇第一。橋勢淩空卧霽虹。路出龍關一線通。乘查漫道滄江遠。砥柱從教洱水同。洱水滄江波滉瀁。中有碧霞雲氣常來往。伊人宛在水中央。前輩津梁寧絕響。伊人髣髴涉江來。手採芙蓉擊雙槳。卽今十九峰頭雪如掌。餐將藥餌爲修養。會見屺橋黃石公。五月披裘來見訪。

寄贈陶鼎臣

先生吾輩之龍頭。材呈天驥超騂騮。少年場結千金客。老弟兄推第一流。閉戶十年不得意。竭來嘯傲山之陬。人謂先生何齷齪。斗大空廬支一木。豈知襟抱海天寬。不待層樓千里目。客到頻開北海樽。夜闌更翦西窗燭。有時展卷復圍棊。醉後科頭更坦腹。向來披豁神春容。我亦來坐春風中。息機不復爲時用。市隱聊學懸壺公。古稱三世業不徙。術自有神豈惟理。君也救人亦養生。不獨承先兼教子。先生掉頭謂不然。士各有志思前賢。長沙偉烈照青史。拊髀每念家聲傳。丈夫立功須及早。壯不成名今已老。伏櫪懣無千里心。高歌白眼空潦倒。胷中塊磊借杯澆。狂奴故態亦自豪。況復柴桑遺趣扛。

一斗亦醉歸吾曹。人生及時且行樂。兒輩今看見頭角。肯堂肯構任爾爲。願惜分陰知向學。我聞公言亟肯首。藥石眞同薑桂手。遠志如君處不虛。小草媿余難出走。年來耕稼寓陶村。頗慕君家彭澤叟。竚待西成秫釀酒。身是白衣秋是九。插徧菊花開笑口。相與醉臥羲皇牖。

丙子客中除夕

雨到今宵歇。天知明日晴。客愁和歲盡。詩思逐春生。爆竹千家響。笙歌半夜清。更闌剪紅燭。樽酒故鄉情。

送弟之榆城

弟向榆城去。茲行良獨難。龍關纔七日。鳥道已千盤。萱樹春風老。棠花夜雨寒。參軍魚可食。劍鋏莫輕彈。

壬辰送弟再之葉榆

又作今年別。今年行更難。愴然餘兩母。不復健三餐。莫以琳東近。而忘堂北寒。倚門因爾望。陟岵可同看。

建陽客中登樓遙望荆襄二郡

無人無酒倚黃鶴。相望相思對白鷗。王粲一生空作賦。杜陵萬里自登樓。菊花片片經秋落。燕子飛飛傍晚愁。獨放荆襄天際目。煙波何處是滄洲。

壬午歲暮用蘇長公韻

雲梯無路陟崢嶸。底事燈花開滿檠。親老不曾邀祿養。家貧空自有書聲。輕肥到處看同學。溫飽何心問此生。殘臘莫繙新歲歷。妨他驚起隔年情。

丙戌以後書事

車書已徧今天下。鋒刃何來古戰場。一自雄關開鐵壁。漸教小醜犯金湯。鯨鯢恨未封京觀。魂魄何堪禮國殤。爲語昇平諸將士。早歌鐃鼓答　君王。

詎憑天塹阻長江。竟尤顏行未受降。秋戍人歸能有幾。春閨夢杳可成雙。哀鴻時復鳴中澤。黃鳥偏宜穀此邦。蒿目兵民今一路。悶來空自倚南窗。

生長承平四十年。豈期枕席接蠻煙。羽干尙逆三旬外。匕鬯頻驚百里前。愁聽悲笳吹月夜。誰將長劍倚雲天。何時殊域咸歸化。抱膝衡茅自在眠。

目斷炊煙一望中。頻年人馬未弢弓。旗麾定欲追三北。

杼柚甯當計、一東。敢問轉輸勞內地。須知疾苦念　深
宮。腐儒苦把蒼生問。迂拙疇能建一功。
帝簡元戎出上公。剋期拜命到滇中。移來西塞三千甲。
會使南蠻八百同。犄徂鷹揚輸遠略。弓刀馬革矢孤忠。
人人毅勇都如此。破虜行看慰　聖衷。
百蠻情獻　九重前。一日神周四極邊。誰道　王師勤
拓土。由來　帝德本如天。捷書夜向甘泉奏。虜首朝看
稾邸懸。方略幾番勞面授。　國威播處靖烽煙。

乙未夏得五月菊一本名清心自寄奉張少儀先
生枉詩見贈卽和元韻

莓苔如黛草如藍。別有寒香玉一函。花自驅炎消夏五。

我來披爽逕秋三。白衣人至應投紵。華髮吟成暫盍簪。
多謝師資深砥礪。樽前風雨意常含。

同少儀先生登太保山次元韻

連日追隨得靜閑。歸心應自繫朝班。極知五岳存方寸。
俯視諸峰拱一山。詩律巧生規矩裏。醉鄉樂在几筵間。
相從長作登高賦。願縶驪駒莫遽還。

長信宮怨

長信宮中春幾回。春風愁裏自花開。一從團扇掩明月。
不見昭陽燕影來。

春恨

老梅紅抱一株茶。負毋來看兩樹花。道是先人親手種。

平添雙淚溼春華。

誌恨

堂上疇將二鬴陳。靈前徒奠一杯春。從來溫凊猶疎闊。
苦塊何勞學古人。

荷塘獨釣

荷塘多半屬漁灣。釣得鮮鱗日暮還。貪看荷花忘設餌。
任他來去一竿閒。

翦春羅

并翦輕於織女機。織羅猶自惜芳菲。深閨莫怨春羅薄。
塞外秋寒未寄衣。

楊　霆號虹孫太和人乾隆丁丑進士官渉縣知縣

花貢道中

鳥道穿難盡。猿聲聽更哀。十年三度過。萬里一身來。折柳情猶戀。看花眼倦開。故園風雨裏。應盼遠人回。

梁　昇　號寅齋昆明人乾隆丁丑進士官綿竹縣知縣

新煙

氤氳佳氣滿平原。一路濛濛聽鳥喧。幡動依微尋古寺。帘飄隱約認江村。遙峰淡抹青如畫。嫩柳纔生翠有痕。已過悤悤寒食節。蒼茫雲水月黃昏。

左熙俊　字用章蒙化人乾隆己卯副貢官平彝縣訓導

晚游巃岈寺

石徑秋光最可人。萬篔簹裏認山門。麈松揮罷塵常潔。

爐芋燒殘火尚溫。落日蛩鳴黄葉徑斜風雁落白沙村。
流連不覺歸途遠。送客前峰月一痕。

杜東輅 字紹商昆明人乾隆庚辰恩科舉人官劍川州學正

館中白菊不茂

此菊大有心。含英不肯泄。恐對傷秋人。映出滿鬢雪。

余萃文 字星聚號斂齋昆明人乾隆壬午舉人官開化府教授入祀鄉賢

艾繼宗 肄業西林時艾爲余執爨得錢以養其祖後充撫標壯丁征緬以瘴死

信乎忠義之性。生於天而不由於人。艾子割烹下走之賤臣。十年奔走事厥祖。乃能移爲親上死長身執戈雪載路。重念 國恩深。談笑鋒鏑間。壯氣鬱蕭森。天之亡我空垂涕。不死疆場死瘴癘。煌煌 天語下閶闔。此輩

亦屬死勤事。國家樹人偉百年。艾子居然作士氣

一椀水路南地名送別家兄返昆明

一椀濛溪水。瑩然鑑我髭。形容非少壯。骨肉忍分離。日暮途愁遠。官貧歲苦飢。家中十口計。不敢問何其

昭文馬一書齋

叢篁深鎖讀書廬。百遍相過遇不疏。草色濃滋新雨後。茶煙淡入晚晴初。其人比玉猶沖爾。而我臨風亦皎如。坐久渾忘誰是主。紛紛白月到階除。

懷友

枝頭木葉下繽紛。瑟瑟商音病裏聞。荒徑不曾來舊雨。閒居空自賦停雲。芙蓉水國花爭豔。薜荔山城草自薰

開府參軍知未老何年樽酒細論文

艾述九先生客死東川

自昔詩人皆少達如君偃蹇竟平生猶憐善病賢於死
重以長貧誤此行南浦春波飛燕燕以三月話別西風古木
哭猩猩游魂白日迷征路愁絕朝煙暮雨程

羅慶恩號汝愚石屏人乾隆壬午舉人

昭化縣

策馬巴西路孤城四面山鼉梁桔柏渡烏道葭萌關蜀
徼崎嶇際秦川莽蒼間家園回首處客夢有時還

忻州汪刺史讓庭重鐫元遺山墓碑索賦

歲月消沈霜露零荒原宰樹失青青人文一代中州集

國事千秋野史亭。雞酹謡爲尋舊語。蟠蟠今喜泐新銘
他時共仰如椽筆。呵護無煩更乞靈。

高上桂字松泉鄧川人乾隆癸未進士官茶陵州知州

舟過湘陰

淼淼經湖口。迢迢見水涯。黃陵開邑里。青草護人家。片
席隨湘轉。孤鴻去嶽斜。客舟何處泊。落日指星沙。

施淝培號邃園元謀人乾隆乙酉舉人官甘泉縣知縣有[illegible]山詩草

寄張聖藻

君家南山南。我家北山北。相去不千里。相思渺無極。固
窮足以安。好會良難得。七載三見面。無乃太偪仄。媿彼
翔風鳥。奮飛足羽翼。日東月出西。光陰迅若織。飲食行

息閒未衰各努力。

聽鶯

花灼灼。柳纖纖。微風細雨未開簾。簾外黃鶯歌斷續。宛轉令人聽不足。繡戶誰家初醒夢。鈿笛何人頻度曲。傍花穿柳一聲聲。嚦嚦曉煙春草綠。

尹壯圖號楚珍蒙自人乾隆丙戌進士改庶吉士官內閣學士兼禮部侍郎左遷給事中回滇恩准在籍奏事五華書院山長卒祀鄉賢

鑾迴駐龍潭京中飛報喜得元孫恭和　御製原韻

一堂五代列　堯軒。慶值　巡方出巨藩。弧始懸時孫作祖。飴重含處祖仍孫。詠逾螽羽洵希見。視邁華封匪譽言。佇看雲仍纘接踵。　期頤永荷　上蒼恩。

奉
命毛公祠拈香恭賦
祠連古墓啟文壇。遺像巍然道貌端。妙蘊直參風雅頌。專門迴邁魯齊韓。俗傳精壘音知誤。俗號毛精壘教啟經神澤不刋。馬融曾受學於毛蹕路欽承將祀事。瓣香拈罷暫盤桓。

題師荔扉春宵佇月圖
科頭散步立閒階。繪出蕭然曠士懷。別有逸情淩海嶠。無須近水羨樓臺。崢嶸玉樹香凝砌。瀟灑芸香淨絕埃。翹首問天頻貰酒。幾時邀得二人諧。用太白詩意
楊衍嗣元江人乾隆丙戌進士官知州

西郊散步

炎天雨過自生涼。偶步芳郊趁夕陽。漠漠平田新水滿。晚風吹送稻花香。

王運昌 號宜泉昆明人乾隆庚寅舉人官長樂縣知縣

書淮陰侯傳後

韓侯入關中。待之以國士。惜哉鐘室誅。禍水乃雌雉。雖以猜忌亡。功名著青史。明主馭英雄。殺之亦知己。烈烈大風歌。實哀王孫死。何如宋冠軍。殞身楚豎子。

王紹仁 號聖峰太和人乾隆庚寅舉人官昆陽州學正

小園即事

好山憑一望。牆上碧參差。斫竹滋新筍。修梅護老枝。收將新焙茗。改罷舊吟詩。無限幽居事。徜徉我自知。

葉如瑃 鎮雄人 諸生

班鳩溝

歷盡崎嶇路。深山少俗情。亂峰寒石氣。驟雨壯泉聲。甕牖風猶古。梯田水易盈。數椽如可卜。扶杖課兒耕。

滇詩嗣音集卷一終

滇詩嗣音集卷二

呈貢戴淳古村定　昆明黃琮象坤輯

劉大紳字寄菴甯州人乾隆壬辰進士官山東武定府同知告養歸主講五華書院卒山東祀名宦雲南祀鄉賢有寄菴文鈔寄菴詩鈔

荅客問山中

曾爲山中客記得山中路曲折淸溪間轉入雲深處門前有桃花屋後有梅樹今日梅花落君看桃花去

獨坐

靜如退院僧巾履散不著樹影移空階蟬聲止復作微風動疎簾殘雲度高閣所思適不來杯酒聊獨酌

數日寒甚憶伯兄晉菴

阿弟南歸時炎炎日如炙阿兄復南歸萋萋草未碧朝
來獨負暄忽驚暮雪積寒氣侵肌膚降階足跼蹐我處
重屋中厚被擁一尺試問孤客舟何能暖片席人生貴
安居胡爲遠作客石田雖無收飢寒亦不迫有母依高
堂東南盼望隔阿弟如早歸庶可慰晨夕我今還後期
阿兄正行役歡樂易以肥悲憂易以瘠亦知憂傷人遣
之實無策美酒沽十千取醉聊自適

義虎祠行

東山何巉巉有虎居其間一嘯振林木再嘯傾巖巒行
人白日絕柴門黃昏關畏途近百里不敢輕相干田家
有嫠婦事姑無肥鮮清朝汲井水亭午樵孱顏近山久

虎背逶岫窮躋攀。丁丁婦心痛。遥遥姑眼穿。歸及半道上。猛虎當其前。磨牙不擇肉。誓欲充飢餐。一身豈足惜。無人爲承歡。呼天長痛哭。猛虎摧心肝。欻然帖耳去。深林窺一斑。還家喜且泣。宛轉爲姑言。有虎義如此。鄰里驚相傳。鳩工飾土木。廟貌清且妍。易爾獸面目。著爾人衣冠。遠人下馬拜。疑祀何代賢。鄉人話其事。再拜還三嘆。昨日過城市。祠宇淩蒼煙。神鴉猛如虎。凛凛春生寒。祠虎良有以。勿替千萬年。

自西山歸遇雨

日暮西山歸。斗然遇風雨。道旁捕蝗人。環跪拄泥土。白言愚且賤。未能爲賓主。曈中有茅屋。暫避公無距。役汝

滇詩嗣音集　卷二

已十日相親不我怒此風何其淳毋乃是太古我行攜雨蓋我歸醉宿酤汝輩勞且飢去去閉蓬戶

江上見新月

久行忘時節寄命江上舟忽見新生月纖纖又如鈎孟冬知已至年華去如流老母攜弱孫此時倚高樓含淚數歸期胡爲尚淹留江風不稱意江水不銷憂此心託明月爲照浣江頭

江上山

一石成一山一山高百丈纍纍千里間各不相依傍從來畫圖中未見此形狀想當開闢初經營得巧匠絕少斧鑿痕有此獨立樣萬古無傾崩孤舟快下上阿誰人

世多。於此得心嚮。

潭西草堂攜孫往

城門逢皁隸。長鞭策羣馬。險巷趨避之。老夫久聾啞。年衰無所營。閒散嗜田野。家貧鮮僮僕。弱孫從上下。溪深不可涉。行紆道許假。涼風過橋頭。偶坐亦瀟灑。田中稻禾長。遂迷昨日路。欲問村中農。四顧一無遇。遺蓑短膝下。不知人何去。忽聞笑語聲。來自禾深處。今年定大有。粥飧及婦孺。夕日在草堂。山色入懷抱。園瓜手自摘。離離尚苦小。土釜潭水清。火足味乃好。未飢已先食。何緣歎不飽。況有二頃田。膏腴種嘉稻。老農共已歸。笠上花可掃。人生貴

知足稼穡誠堪寶

後煑豆歌

潭頭豆已老煑食猶欣然既飽無餘慕散步巖壑前拂衣風習習濯足泉涓涓道逢植杖叟相與談神仙往古如今日斯人無愚賢此物苟易足行止皆安便笑指耕牛倦脫軛高柳邊適口擇青芻鳥雀爭集肩嬉嬉摇其尾不畏人加鞭亦有拙鳩婦飛鳴桑樹巔呼逐自偶爾風雨下睛川絮語歸來晚明朝寒食天

旱

自我作田父始爲田父傷家家買酒肉四月栽頭秧原泉日就竭膏雨成空望蝘蜓與蝌蚪對泣聲喤喤甘心

仁人之言

逐螻蟻。駢死桔槔旁。太平有景色。秖是多農桑。禾苗未入土。安能收稻粱。州家有符下。促迫修官倉。倉中何所有。有鼠如貪狼。倉上何所有。有雀飛且翔。老農幸無事力役甘輸將。官倉未修畢。田中秧已黃。催科署上考。第恐民流亡。

吟詩

好詩如良朋。每偕風月至。相與一室間。萬象共游戲。邇來瘦如腊。或謂是詩累。便欲廢吟哦。金石晝夜餌。昨朝過北邙。高冢藏骼胔。下馬讀豐碑。官銜勞贔屭。東山一短碣。上刻詩人字。不假諛墓文。聲名塞天地。好詩未易得。良朋安可棄。身後此榮施。生前此樂事。

行路

我子身出門。我心逐之去。常爲風雨憂。恐少安樂處。歸來急問訊。不如我所慮。親心卽我心。名利空相誤。六十知昨非。少壯長行路。

送陳海樓北上

讀書幾千卷。行年及五紀。此去官何官。曰爲知縣耳。知縣民父母。一縣待之理。積縣爲天下。治安原有以。上官貴且驕。往往奴隸視。誰識賢宰相。須從知縣始。所以負氣人。未衰便先止。隱忍就功名。亦有天下士。二者將何從。惟子自處矣。道術弟受師。治譜父傳子。仕學有源流。豈徒紆青紫。匹馬上　皇都。五月薰風起。　君恩深如

孫髯翁昆明人隱居圓通山

海臣心清如水。

訪壁立堂遺址

榮華無百年窮愁自千古孫髯大布衣蔚爲風騷主螺峯好巖壑各自闢門戶登高訪遺址落日照宿莽尚聞洞底蛟曾避文中虎壁立一千仞金碧有誰伍

對月

秋月鏡開匳朗朗顏色歡冬月劍出匣凜凜毛骨寒志士壯其膽夜半猶倚闌感觸中不平髮上衝儒冠便提古干莫往誅新與職次亦姑小試如曹刦齊桓歸仍月地坐長鋏終宵彈笑語小兒女休說白玉盤

鄰里餉蠻脾

茹苦志淡泊。分甘淳俗美。村翁割蜜脾。餉遺及鄉里。脆質雲液同。圓形月華比。入口冰雪甜。蔗漿可遠徙。含英相娛樂。環列弱孫子。清芬達肺腑。殘瀝染手指。游蜂跡香至。尚憶採花始。醞釀辛苦多。養羞實利彼。空房不畱餘。窮冬恐餓死。因思天壤間。民物同一理。要當全室家。無致罄骨髓。慎哉居高位。下令如流水。

風雨

己酉六月三十日。開窗納涼始散帙。忽聞萬馬空中嘶。半天晦暗色如漆。電鞭過處雷鼓從。雲氣欲墮嵩華峯。頃刻東南大雨注。如黄河瀉聲洶洶。蛟龍乘勢嘯徒眾。鬼怪神靈互相送。前村茅屋卷上天。愚民慴伏不敢動。

朝來起視天宇清。依然禽鳥皆歡聲。甘雨慶雲自可樂。無爲震怒驚羣生。

游龍洞戲題

晝向名山游。目與名山謀。夜傍名山宿。神與名山逐。名山亦喜我輩狂。登峯探穴恣飛揚。精神意氣發光怪。長歌短吟各擅長。我聞世上有畫史。解衣磅礴得妙理。願將我輩五六人。置之丹崖翠壑裏。九月輕寒披羊裘。負薪拾金羞名流。山麓三間草亭子。容我中間賦窮愁。秋水詩人露兩肘。跂足聳肩不叉手。宜在夕陽紅葉間。右丞襄陽是尚友。吾弟吾兒樂何如。吾弟雅雅兒魚魚。青泉白石登山路。貌此兩人騎蹇驢。其餘一人囊負背。詩草縱橫塞其內。一人大匏跨腰間。磊磊落落無俗態。山僧或寫禹穴中。喃喃毒語咒蟄龍。幽禽野鳥無彈射。飛鳴宿食狀從容。獨有濟南好名士。意匠經營何所擬。百尺巖上有高亭。氣度襟懷差相似。如此一一傳其神。今人或可追古人。祇恐丹青無好手。橫塗亂抹失天真。本來面目一朝改。丈夫鬚眉竟何在。不如我記與我詩。設色圖幛勝十倍。

贖歸引

出關何年無。入關亦時有。誰知七品郎官歸。贖自兩縣百姓手。官視百姓如仇讎。百姓視官豈父母。云何兩縣風氣殊。謫戍其官引為咎。或咀於社或祝神。或聚而哭或狂走。或欲慷慨三公陳。或欲匍匐九閽叩。其小人曰必歸公。公不即歸我顏厚。其君子曰必歸公。公之歸也義不苟。方今　天子眞聖人。仁慈聰明本天牖。公有祖母年及耄。公有母氏亦多壽。若公之子以情聞。公不當歸衆人後。鍰贖之說古有之。　國典公誼兩無負。龜卜筮卜卜吉同。衆乃唯唯不否否。靑錢早信輸乞兒。白璧不煩待良友。風霜奔走皮膚皺。道路哀號面目醜。萬千人心同一心。長安世上歎未有。春風策馬居庸還。關內依依曳楊柳。繪圖題句盈篋多。其榮乃與使相耦。回首一官値幾何。天之玉成意非偶。於今歸來月八九。處處家家進雞酒。深閨兒女無所知。往事言之尚疾首。自謂無德何以堪。作此詩焉誌永久。誰歟兩縣新城費。誰歟贖者一窮叟。

雙琴山房酬董勿軒

一琴冷落無七絃。聲在指上不能傳。一琴典卻古錦囊。中宵凍裂時自傷。秋聲昨夜到庭樹。美人竝坐彈清商。一彈再彈百靈集。剛風雷雨妖魅藏。梧桐葉下聲激昂。抱琴酌酒置其旁。舍旃樲棘與折楊。有琴未肯應侯王。有梧終當棲鳳皇。人世何嘗無知己。惟琴與梧吾與子。

得何勳臣山東書作詩報之

東南相去八千里。夢中往往見吾子。吾子氣度超且雄。當日原嘗未有此。昔我遠出居庸關。風沙慘澹凋朱顏。

丈夫呼號婦女泣。一朝傲吏看生還。明湖秋風鵲華雨。從子問交半齊魯。晝與高李論雄文。夜共孫吳談大武。自從折柳固山頭。揚鞭挂席思悠悠。大別山前漢陽樹。黃鶴樓外鸚鵡洲。纍纍囊橐壓駝背。破硯猶存古書在。强弓毒矢未肯加。盜賊還能恕我輩。此身得向南雲歸。家慶共著老萊衣。藉樹軒前客何在。抱孫樓下人亦稀。去歲重陽有雁至。尺書十行委曲備。不是無閒作報書。江上鯉魚遠難寄。醉中草草題數詩。春風正試燈火時。今午開緘讀未竟。笑我疎狂眞不宜。願因吾子告父老。一家骨肉幸完好。我昔差肥今差癯。酒亦能酣飯能飽。所恨豺虎荒村多。愚民無地張網羅。食盡牛羊到雞犬。

滇詩嗣音集　卷二

天不生駮將奈何嗚乎吾今眞老矣。匡濟平時大言耳。豐年不釋桑梓憂。作書報君淚如水。

下龍洞

陽暮山麓二石洞。上如重屋下如甕。甕中顧視天光微。怪物猙獰鬼戲弄。有神狂止如侯王。高冠大帶何煌煌。佳人竝坐美如玉。珠翠盈頭衣袂香。孔雀屏風豹皮褥。繡幕芙蓉雙鳳皇。出入乘龍驂鸞鶴。恩喜威怒無故常。長鬚赤脚不中用。侍從虬髯皆怒張。座後一水流洋洋。桔槹十車難度量。山前瘠田幾百頃。吝惜涓滴滋稻粱。衝浪翻波負盛氣。欲與江河爭混茫。有愚者氓苦旱暘。濯足其中罹不祥。良醫投藥石投水。撞鐘伐鼓來中堂。

少年女巫知神意。再拜享以柔毛羊。從此水中不敢唾。降災錫福司一鄉。我曾上洞恣游覽。上出重霄下入窅。有時身作蛇腹行。左衝右突無不敢。歸來猶恨半道止。未曾賈勇探其底。似此惟當然靈犀。照之使慙逐之徙。寸魚尺黿俱不生。何爲空負一洞水。

石蟾蜍歌

石蟾蜍。士人視爾土不如。不知乃是萬古之月魄。顧兎譖之謫下千年餘。頭上巍巍有兩角。頷下八字丹所書。既不學貴人門前雙青獅。百年唾罵棄如遺。復不學道傍贔屭負穹碑。鐫功鏤銘多愧辭。吁嗟蟾蜍空爾悲。我今置爾山房下。笑問黃虬何爲者。一樹碧梧影沈沈。明月瑤琴知此心。

寓一草亭北鄰失火及牆而止

北鄰一炬燭天起。江水清深照見底。鸚鵡鸜鵒都欲逃。風迴火返及牆止。千篇詩草懸屋梁。皎然星月爭輝光。雕肝鏤腎帝所惜。肯令六丁下取將。同井聚觀額手賀。數椽湫隘如斗大。鬼神何心愛文章。造物尚恐妨偃臥。是時主人正游騁。上入青雲萬丈嶺。俯拾斗柄挹天漿。倒窺地維看日影。歸來且喜草廬存。太息鄰家餘燒痕。河澤猶當潤三族。樾蔭何止周一園。書生不解師欒巴。噀酒驚散神火鴉。繞檻長留止水月。當軒不凝春出霞。寄語趙鬼休誦賦。建章柏梁古有數。屋角鴟吻紛紛多。

試看茅茨如鐵鑄。

紀山谿李老人事

山谿老人如木石。彭壽殤天兩不惜。草木榮落分春秋。倏忽年紀已過百。頭髮蓬亂全未蒼。齒牙燦燦冰雪光。赤足卻杖健於鵠。深山遠牧牛與羊。有子皤皤白鬚早。林立孫曾亦自好。老人相顧時嬉嬉。老人尚健子已老。借問生年是何年。絳縣甲子記不全。彈丸累累竹筐底。試往策之疑神仙。昔爲牧兒甫十歲。　本朝聖人始御世。阿翁受彈兼授筐。兒得一歲一彈記。彈丸百六盈筐中。老人戲弄猶兒童。信知仙李盤根大。山外耄耋難與同。海上下籌且滿屋。何況彈丸一百六。當時卻有賢蕭侯。遠向山中餽酒肉。

憶龍泉院紅梅

老去疎慵賦眾木。搜索梅花笑所獨。荒村斜月無人蹤。驢背鶴腰駭塵俗。千林香雪新移栽。兩樹赬虬老巖谷。七年遠道辭名山。一夢芳姿入草屋。赤霄青女惟餐風。絳節仙人不啗肉。清寒何礙濃華殊。平淡先教絢爛足。半潭秋水爲前身。九轉仙丹亦私淑。施朱愧爾非童顏。曳白嗤人祇空腹。亂飛紅雨先春花。斜襯綠陰間水竹。苐似一夔堪藏心。況如雙鳳并在目。解教霜雪愁見殘。能使雲山恥稱蜀。看花游客迷元鬣。種樹幽人逝黃鵠。不逢好手爲寫生。安得清歌便度曲。夢回月落梅花無。

靈君啁啾只悵觸。

鸚鵡關

鸚鵡關前籠鸚鵡。四品武官不騎馬。坐者起立騎者下。騎不下鞭血流赭。行人哀訴淚如雨。黃草壩前怯如鼠。竄伏草間不敢語。昔日何懦今何武。

縛賊行

賊船白晝艤島嶼。島上居民笑相語。銛鋒利刃不須施。徒手縛之付囹圄。朝廷功令禁殺人。城中大吏皆慈仁。呼籲轅門得緩死。船頭未必多金銀。賊既縱去民縶餓。民相受弔賊相賀。海外傳檄招羣凶。聲言焚掠到閭左。舟師聞之虬鬚張。乘風鼓舵帆飛揚。賊有入焉整以暇。

我軍縛去無一亡。島民見賊狸捕鼠。官軍見賊狐遇虎。可憐賊手提人頭。赤血淋漓擲城隅。將軍擁纛高樓前。指點賊船是商船。一時魚龍悉震怒。潮頭蹴立凌蒼天。三軍痛哭下樓走。將軍羽扇不釋手。風流意態何翩翩。歸與婦人飲醇酒。

蝗

旣生百穀何生蝗。天道於此殊茫茫。四其翼且六其足。無所分予更荒唐。初生伏山谷。見人尚畏藏。繼乃入平隴。其勢漸猖狂。十有八日如蟬蛻。輕紗薄翼能飛颺。柳樹摧殘履底貴。鳴金鼎沸旗齊張。健兒爭先恥交臂。越山跨澗同康莊。十圍五攻有成法。左折右旋無故常。用農卽兵蝗卽賊。誓不使賊爲民殃。可憐老弱無氣力。弱孫幼子相扶將。凶年徵役不得息。十家三四離故鄉。我聞賢人之境蝗不入。蝗之生也無循良。方今齊城七十二。同官大半皆龔黃。蝗何爲乎策策而堂堂。幾令千里無遺糧。虎可渡河鱷可徙。我欲披髮排帝閽。前導飛廉退六鷁。驚天動地飈風狂。火攻下策笑田祖。吹入渤海歸混茫。再沛甘霖及一尺。農夫計日收穰穰。我亦歸去停鞭韁。

大水行

濟水清河水渾。河伯一夕相并吞。東馳入海失故道。海若見之怒且笑。長鯨鼓浪如山邱。颶母揚風西北陬。朝潮夕汐無時息鐵門關外魚龍愁有口不肯咽濁流河伯既來勢難返東衝西突左右撼氣力所至生風雷堅城勁壘愁崩摧何況壞牆破屋臨水隈吁嗟河伯胡爲哉飛帆高高樹杪回坐見男屍與女骸紛紛藉藉西流來我有文章幾卷在不如韓潮與蘇海我有飲興空自豪不能一吸傾江濤不然酹爾入酒杯濡爾入筆毫頓教河濟之間變乾土不令朝飢暮寒老幼相煎熬閒官無力寄居此徒自抑鬱兼牢騷嗚呼河伯不仁乃爾爾濟水之東尚如此濟水以西可知矣何不安流入海水

擬王建留客

四月淸風小麥熟田家留客宿草屋客有車馬無停處

車置門前馬繫樹。田家於客不相知。客是遠道初來時。一夜安眠不復覺。老翁倚牀呼大兒。今年盜賊滿四野。客僕既倦我鄰寡。似聞前村犬狺狺。急起披衣看客馬。

題高司寇畫牛

落日驅牛返。言涉清溪流。溪流有深淺。牛背穩如舟。兩角嶷嶷目炯炯。腹已出水鼻未浮。老嫗攜兒遠相望。不爲牧人生百憂。牧兒挾策只虛喝。幾曾輕易鞭吾牛。赤足雙雙不著韈。颭颭波跳浪翻。優游須與茅屋得歸臥。溪流東下何悠悠。閒官垂老履危險。洪濤曾與馳驊騮。對此能勿長太息。有人岸上笑不休。未知司寇作此畫。身爲牛喜爲牛羞。試看一犢更暇豫。當欄不肯輕出頭。

聽落葉曲

大葉琮琤如石泉。小葉蕭瑟如細雨。風來葉聲雜風聲。
風定落葉秖自語有時一葉飛窗虛凍蠅觸紙何徐徐
前葉未墜後葉下。終宵斷續紛相於。老夫靜聽不肯臥。
欲撫孤琴唱且和。白雁不鳴烏鵲棲。牀頭一穗燈火大。

秋海棠

泣蛩咽蟬怨秋雨。不是昔時紅溼處。誰家斜捲珍珠簾。
何人碎擊珊瑚樹芙蓉花外香雲流美人日暮憑高樓
陌上雕鞍去不返。樓頭玉筯傾難收大珠小珠何絡繹。
秋風豈爲紅顏惜。不覺淚已滴作花。尚嫌身未化爲石。
望夫片石長相思。花開花落無人知。君不見深閨兒女。

驕且癡。鬓雲鬟霧簪花時。

馬耳山歌

雙峯插天如馬耳。削竹生風志萬里。壯兒身手空自誇。一聲霹靂失鞭箠。權奇想見真龍形。千秋上應天駟星。神物焉能絕雲氣。世人徒愛山色青。頃刻雲來雙耳失。頃刻雲過雙耳出。出如天馬行空時。失如老驥伏櫪日。甘霖不作無農桑。我欲騎汝驅驕陽。天瓢瑣屑少稱意。倒握斗柄傾銀潢。秖愁赤手鞚不住。射耳東風吹過去。不如徑斫乖龍珠。直到華陽館深處。嗟嗟世事無不然。飛黃折斷珊瑚鞭。衰翁今年六十二。看山看雲過百年。

山中

近松屈曲盤龍虬。遠松挺直森戈矛。修竹因依近松下。殘雲繚繞遠松頭。松間結樓一百尺。此是仙家萬古宅。草亭瓦屋相對開。蒼苔仄徑少行跡。何代蘭若淩太清。鳥飛欲墮孤煙橫。不知松樹更多少。落日第聞鐘磬聲。幽人長嘯絕壑底。箏笛不入聽松耳。一道飛泉天上來。亦應撫琴彈淥水。

贈趙敬修

禰生罵人阮生哭。兼罵與哭先生獨。有熱者血傲者骨。寒不裘飢不食肉。小兒嬉游愛百福。聞聲走避恐不速。九十老翁何心目。世上幾人額鼻顒。先生之友張與僕

憶天游洞

天游洞無人歷不苐世間樓閣分仙凡山中巖竇且復判喧寂上如穹屋前軒窗三面丹翠立絕壁下平不假鋪氍毹旁甃何殊壘瓴甋飲酣可臥狂可題斜拖煙雲繞虹霓山魈木客潛消藏漁郎樵豎不相覿有時笑語聲外聞下方驚顧響霹靂初來周遭無路通披荆斬棘除蒿蓬天光透出射人目恰得一穴當正中竦身掉臂固未可亦難屈膝幷鞠躬手捫面仰足先下蛇行龜息今焉同前人未入讓尻股後人未由躡其中入時徐徐起而立急遽便當墜虛空若非此間有絕勝歡喜豈償心憂忡我曾歷覽不知數偕游半是黃髮翁迂儒何嘗輕性命仙人爲樂無終窮今年少覺筋骨鈍便如遠憶

蓬萊宮。人天相去幾萬里。兼有守者羆與熊。賦詩聊與
識幽曲。後來攀躡望兒童。入之維艱出之易。歸袖習習
攜天風。人生憤樂類如此。不用語冰尋夏蟲。還當一揮
仙茅筆。崖端書扁勤磨礱。

憶紅石崖古藤樹

我於紅崖古藤樹。愛其鬱怒如龍蛇。殷雷擊鼓壁罥破
晴雲擘絮空中拏。張君我友亦復愛。愛其春風能作花。
垂垂千蕚共一柎。焜鱗炫甲森爪牙。陋邦嘉名少人錫。
望見曲喙呼老鴉。草筐竹筥拾未足。黃金狼籍污泥沙。
歸來欲覆孔甲醢。調變水火蒸雲霞。捋鬚剔耳同有味。
鬭鳳脯膾空矜誇。少年壯膽酒一斗。橫騎背上鞭交加。

絕塵躡景志萬里。小視天馬來渥洼。有人海上紀八月。周天一度浮枯查。當時若解御此物。頃刻便至銀河涯。老來涉世豈為口。息駕風馬馳雲車。今春緣底不一到。清夜雷雨常咨嗟。恐教一夕化龍去。空山栝栝徒枒杈。藤花藤樹無由見。何處去叩龍公家。

同張金門紅石崖看藤樹孫鳳藻亦至

昨憶石崖古藤樹。與憶天游同有詩。天游歲晚又重到。遙望藤樹空相期。久衰自揣百無用。難逐仙人鞭鸞鳳。恐教化龍飛上天。馳雲驟雨四山動。張家老子清且狂。短褐高屐攀援强。天游何厚藤何薄。敢不與之共行藏。蹣蹵酒杯香餌餅。提攜直造舊游境。日光下射金鱗開。

風吹不落春晝永。崖邊尋著眞源頭。洞口分作東西流。
忽然中間覩怪物。安得一時兩黃虬。張公顧我驚不止。
孫卿已到深林裏。凝神定視發長嘯。此樹無乃卽龍子。
甘霖不作經三旬。麥枯豆萎生愁人。平時恐汝化龍去。
及今化龍豈非神。願爲雲從挾雨走。須臾滂沱徧九有。
鸛鵝不死蜥蜴歸。功成菊酌藤樹酒。

觀麥浪

山中騎馬如乘船。酒醉便欲船頭眠。重峯疊嶂隔湖水。
欲往從之恨無緣。風來忽擁千尋浪。疑有魚龍結隊上。
清流一曲聽無聲。知是來牟互蕩漾。平地風波令人鄙。
大田麥浪令人喜。南方嗜好殊北方。嘗新要到端午始。

老夫對此饑涎生。語農早穫天正晴。磨篩並作採和繼。朝夕餐飽歌昇平。農前致詞訴春旱。今年收成定減半。州家夏稅完無期。那有餘粒供細飯。語農已矣無過憂。一穗雙岐何處求。眼前分明五湖景。夢裏去逐鴟夷游。

河口

甸河西來無去處。五丁震恐蛟龍怒。風雷歘弄一夕間。擘開石峽水東注。兩邊巖谷降心從。流丹滴翠殊雍容。嶮岈怪石獨崛強。勢不為下相撞舂。水欲碎石石抑水。聲爭夜鬭幾時止。憑空跳出三白龍。濤顛浪倒聲喧起。飛鳶欲墮猿哀吟。行人駐馬愁淫淫。青山一髮危於綫。二分足垂實逡巡。山魈睗睒伺人過。水怪磨牙一尺大。

老夫苐愛境絕奇不曾爲爾心膽破須臾已到平地間
尚恐此外無此山亟呼輿人且安坐我欲回首重躋攀

婆溪向八孝廉設鱠戲爲長歌

日斜風定江上游羨魚結網絲難求朝來孝廉欲飲我
戲言無魚不須罵江神於我非眷屬豈肯輕爲供晨饈
虛窗涼簟睡夢穩忽聞得魚開兩眸下牀一視喜欲舞
尺半乍脫香餌鉤人持魚腹不放手魚奮其尾擊人頭
急呼饔人莫待餒擣薑剉桂紛相投坐間賓客半博雅
辨類分族勤諮諏在湖鱗青在江白白鱗味比青鱗優
腹腴甚美莫偏勸腦滿及望香溢流遠行禁酒恐生疾
調和亦復傾數甌餘人恣啖盡屬饜一時下筯誰曾休

惜哉我非杜陵老。未能長歌贈姜侯。圃銜記取有如此
不用更訪鮫人舟。

看犁田短歌

一犁之重弁十鉏。一牛之力兼十夫。田中有土勁如石。
大雨滂沛稍融酥。一肩抵死向前去。不勞從後鞭相驅。
日中纔得暫休歇。耽閒安望朝與晡。汗流如水人不辨。
猶嫌嗜嬾人叱呼。鞭之叱之亦不惜。所惜唾罵鄉人愚。
年豐豚酒賽田祖。有人道及羸牛無。身非麒麟與白澤。
第願主伯爲騶虞。東鄰前年老烏犍。聞道賣與城中屠。

題師荔扉大令遺張滇洲太守書及復書稿冊

呼嗟世道何滔滔。金石信誓輕如毛。吾滇乃有濟南守。

心非公叔論絶交。太守之友半天下。屈指第一膠漆者。望江傲吏師先生。久要乘車與騎馬。去年生還自殊方。風搖靜樹心摧傷。忽聞故人有遺素。盈幅苦語臨危長。此事自是後死責。往復巨纖爲籌策。辟如阿母擕阿兄。依依同返金碧宅。雲山杳杳江悠悠。路人見之皆淚流。遺草裝潢忍開讀。況我神交廿餘秋。先生儒林兼循吏。山川藉重埋骨地。望江雖然似桐鄉。背令縣人篆碑字。君不見少陵耒陽與偃師。殯葬義例相猜疑。太白當塗有封樹。夜夜東山飛靈旗。

春曉望太華山

吁嗟乎太華山。乃在昆池邊。輕舟一日堪往還。倚樓騁望幾淸曉。如何不一躋其巔。豈無登山腳。豈無買酒錢。
屐齒不曾折。杖頭空自懸。春風澹蕩拂襟袖。鞭虯策鯉
可以相周旋。青雲白石皆燦爛。瓊花瑤草齊芊綿。上有
采藥服食之飛仙。排神馭氣升青天。朝參玉帝侍王母。
大醉歸來星月殘。解酲欲飲一杯水。茫茫無地尋仙源。
昆池倒流三百里。一吸不足心怏然。飛入大瀛海笑傲
三壺間。東岱南衡。中嵩北恆西太華。五岳入眼猶蜎蠉。
幾不知太華山外復有太華山。巨靈有掌不曾擘。仙人
有枕不能眠。卷之藏巾笥。撫之拜几筵。登高大呼衆山
應。雲靈水怪心膽寒。鑿池習戰務勤遠。拳石不以當雄
關。移雞移馬爲金碧。漢武非聖宣非賢。天生我輩行樂

耳山可游也其游焉風浴何與言志事喟然之與誰舍旃吁嗟乎太華山乃在昆池邊我不能刀圭入口生羽翰復不能洞天福地縮之庭階前何不策杖如龍筆如虎韓詩柳記摩崖鐫胡爲靜夜燈火晨相連咿唔佔畢忘朝餐開門且語二三子爲賦春曉望山詩一篇

鵲橋

傳聞天孫夜渡河金風喧蹴銀濤多騎鳳怯凰氣力少驅逐烏鵲如黿鼉雲微雨疎駕雕輦佩玉鳴鑾共宛轉迴翔背上安穩過笑說今年水清淺銜尾接翅毛羽殘綺霞一片遮闌干天漢炯炯光正白兎停烏匿良宵寬斗然天雞一聲諜柝木津頭又西渡微禽有臆不敢言

兩情脈脈正迴顧。我聞天上乘雲霓。瞬息萬里人難窺。
小覷銀河一衣帶。卻勞烏鵲奔波。爲共知星官貴無比。
誰爲此鳥恤生死。況是東鄰相思深。歡會一年一度耳。
君不見月落烏啼官道周。人車人馬無時休。

書占亭北風行後

小民無端怨米貴。詩人賦詩亦無謂。市中米出田中禾。
今年田中有禾未。何不辟穀求神仙。何不忍死呼蒼天。
南風不斷北風晚。一斗米直能幾錢。北風夜夜勝冰雪。
鐮耞杵臼盡吹絕。社公社母無神靈。難拭老農眼中血。
去年官倉上官米。不恤狼藉委地底。何期轉眼成今年。
田中市中皆如洗。有錢有米生須臾。買得糠覈皆珍珠。

吏莫惜錢怨米貴只恐米無錢亦無。

滇詩嗣音集卷二十終

滇詩嗣音集 二

滇詩嗣音集卷三

呈貢戴淳古村定　昆明黃琮象坤輯

劉大紳

再贈馬子雲

昨日知是詩人耳。今日知是奇男子。朝得頭巾暮棄之。何處茂才肯如此。小兒人云亦云云。循例致身附青雲。獨從矮屋論世事。霹靂一聲天上聞。要驅狐兔膏鉞斧。亦令蛟龍作霖雨。物情喜慍從來殊。愈表賁籬委泥土。聲價遠在天地間。一琴一笛辭鄉關。半領青衫何足戀。十年快意游名山。游山歸來謝康樂。芙蓉初日露未落。奇人豈有尋常詩。鷙鳥累百見一鶚。我亦曾爲汗漫游。

黔陽老馬麻陽舟。恨不大江月明夜。聽君吹笛黃鶴樓。

老女出嫁圖爲陳海樓明府題

黃金鑄印大於斗。市兒等閑肘後有。盈庭狎客隨呼盧。環座名倡侍飲酒。憑陵意氣韶華年。自高聲價如登仙。何知浮沈下僚底。郎官白首多名賢。平生無心慕仕宦。墨綬銅章更嬾綰。六十循例甘折腰。蕉鹿得失夢原幻。歸來仍荷農家鉏。心灰夕陽下平蕪。屠市築巖恨相若。天意從來困吾徒。君不見貧家賢女老栽嫁。剛夢熊羆合歡夜。糟糠之妻已下堂。顧視委韭淚如瀉。且喜嫁遲棄亦遲。不然不待而今時。此身只合爲處子。深閨莫畫雙蛾眉。

分賦海棠用鹽韻

好雲向曉落前檐。禁住狂風休入簾。中有名花正綽約。含睇宜笑情無厭。名士聯翩擅時彥。命儔嘯侶如鶼鶼。趿履曳裾暮纔至。重門迎迓心何忺。綺語品賞未終畢。屋角已少烏輝淹。是夕星辰固燦列。清光猶嶄新銀蟾。夜中辨白不辨紅。離朱暗室難窺覘。樺燭高懸吐彩燄。煙靄密覆紅樹尖。美人半醉索扶起。帳頭白玉鈎碧縑。自知酡顏非關酒。瓊瑤微酌神韻添。貧士何由置華屋。仙妃未合來窮巖。巫山感玉洛感植。風流兩賦看能兼。我慚唐突與刻畫。敢將西子并無鹽。待倩丹青作巨幅。掩映脂粉開鏡匳。春光易過九十日。絹底火齊永無殲。

孔雀屛

籠中有孔雀生長在山巖。朝見一禽笑其陋。暮見一鳥嗤其凡。朝禽暮鳥亦自恥。未知鳳皇可如此。風吹雨落孔雀山。化爲毒水流人間。馬牛渴奔飲不得。照影空炫金翠色。晴天與日鬬光彩。僭越驕矜惱眞宰。下令虞人斷若尾。文綺包絡入筐篚。豪門十二屛風開。黃昏聞啼孔雀鬼。

感詠

有鬼有鬼入人屋。乘夜索酒兼索肉。孤燈一點靑於藍。照見冠裳吏結束。吏來時例飽其欲。少緩須臾遭詈辱。銜杯下箸饜旨蓄。仰臥皤然鼓其腹。雞聲來遲鬼起速東鄰西鄰人盡哭。
人孰不貪生。人孰不畏死。死人之宅生難居。蒼黃移徙
如流水。土窟中。草舍底。風酸雨楚鵂鶹聲。不止厲鬼對
面嗔。惡少背面喜。明歸視家具蕩然一空矣。
屍牀溢城郭。棺柩塞道路。有人埋處無行處。父子不相
問。兄弟不相顧。醫家爭說神方多。女巫降神舞婆娑。病
人巫醫一堂死。鬼大鬼小今如何。大悲咒救苦經木魚
滿街聲可聽。今日何日鬼有靈。家家呼天天不應。
今日不見昨日人。明日不見今日鄰。何處得有乾淨土。
千金買徙難辭頻。傳聞崑崙山頂上。五城十二樓相向。
神仙占住安鼎爐。肯許凡人著屏帳。神仙少凡人多凡

人死病神仙訶神仙厲鬼同心腹。有淚不爲凡人哭。

書蟲吟

嬴秦君臣死有鬼。化爲小蟲毒於虺。歷千萬世讐詩書。使其殘缺無首尾。乍看紙面鋪輕紗。上穿下漏何由遮。旋如庭階掃落葉。東西散亂秋風斜。一行欲讀不能下。朱槧藏本滅聲價。芸香麝馥空薰蒸。太息無人善覆射。書中氣味茫向知。一心只妒皇墳辭。應恨當年火爛小。曾不大快坑儒爲。嗟嗟形軀爾微細。未必眞成口腹計。可憐無辜殃壁魚。齊向縹緗帙中斃。新荆泥古同昏庸。蠹餘萬卷橫心胷。正斯有鬼渠亦有。瞢騰老眼休相逢。

蝘虎行

一蠅付一虎。有蠅逃無所。奈何千百蠅。虎乃以一斃。我欲呼天借飛廉。廓然一力淸寰宇。

題戴古村采藥圖

醫人公醫己私。公私之間誰復知。醫身小醫世大。絜量大小分殿最。萬仞山中靈藥多。五色芝上彩雲會鐵鑱木柄託爲命。鹿瓜無聲鶴影靜。有時狂歌巖壑應。筠籠載歸山月正。古村笑謂我。朝搜夕訪不嫌瑣。金鼎玉爐調水火。刀圭入口盡帖妥。木妖石怪難爲禍。我笑謂古村。虎喉蛇腹醫皆可。以此醫人尙恐左。面目皆平心實頗。安能福壽及幺麼。我知此事君寄耳。作圖寄中又寄矣。不如且狎漁樵翁。苐坐高山聽流水。

盜伐小橋梅花樹

有夢不離江上路。有花不著橋邊樹。流水無情自東去。何嘗少微隕今年。斧柯在手天無權。謂我子實使之然。人皆喧闐馳車馬。子獨岑寂肆風雅。倚樹據石太瀟灑。萼柎不畏霜雪侵。根株可耐鉏櫌尋。一聲樵唱來煙林。屯蹇氣感理或有。紅巖蒼藓尚在否。我曾從之日飲酒。杜鵑聲停口無血。瑤臺仙子言未別。浣江橋南橫小橋。獨腳跳躑來山魈。百年老樹留不住。十丈玉龍蛻骨去。澗水泠泠山月冷。長想美人自照影。小園修篛滿山麓。淚染化作湘江竹。

又病

是何病如大海水前潮未平後潮起無端又似深山雲東縈西拂不曾止丈夫談笑陵熊羆蜂蠆小蠢奚足悲費禕謝安御強敵從容對弈如平時循理安常固聖哲矯情鎮物亦豪傑泣涕零溼重茵間與小兒女不分別昨病既已安穩過今病依然又高歌欲歌不歌且痛飲笑看白髮盈皤皤

相思吟

相思何綿綿相見何草草契闊經歲年少壯亦衰老相思如在天爲日莫爲月日實不復虛月圓卽隨缺相思如在地爲山莫爲水水有東西流山無南北徙爲日爲山何可期人生安能無別離不長相見長相思

菊影

斗室餘叢菊經冬尚未殘半窗孤月淡四壁一燈寒愛此花無敵能如影亦難似將陶處士移向畫圖看

雪

客路殊無賴前村訪戴安輕雲生隴首大雪落檐端深巷餘車轍清江一釣竿西山空有約登眺阻風寒

早赴萊豆莊

酒醒春夢盡馬上聽晨雞野燒延山上江雲入樹低人環甘蔗語鳥背木棉啼秋雨曾三宿前村路不迷

贈劉立夫

今見劉賓客歸來宦已成君臣原大義母子亦眞情自

有家庭樂何求史傳名老夫方愧汝又上濟南城

郭家疃飯後

食罷驅車去惟愁雪遽殘如能萬古在何惜一生寒長
路行將半孤吟興未闌終懷小樓上半醉捲簾看

留別東游諸先生

出山成白首此去是初心圭組 君恩重門閭母望深
清風過大野涼雨入遙岑鴻雁行中斷淒然淚溼襟

王秋水同孟柳谷來濟南作別

別淚先秋急交情到老眞誤傳歸信日便作送行人長
路有風雨荒村無主賓聯吟驢背上幸與孟家鄰

寄江曉

窮官天賦與。遠道獨憐君。不爲飢寒去。曾將患難俱。夢中時見汝。容至誤相呼。飄泊今何處。多應在五湖。

山行

雲白山青處。層層認舊蹤。詩情飛列壑。杖影出羣峯。半路忽逢雨。前灘疑有龍。野人何太懶。不種兩三松。

瘦

士豈論肥瘦。忘情亦是難。隔衣常骨見。置鏡暫心寬。駿馬當風立。豪奴倚醉看。匣中雙劍在。大雪出門寒。

送龔氏妹由撫仙湖歸

亦知歸去後。汝有子孫歡。直待僕夫返。才能愁思寬。風波湖上濶。烟火渡頭殘。夜雨衡茅下。衣裳正苦寒。

茅廬

茅廬更千載是否說州城木落遠山立樓空寒月行人先牆草瘦詩後寺鐘清迴憶今年裏不聞秋雁聲

道上遇趙敬修

寂寂孤村外悠悠大道邊聞聲知我輩開口駡時賢獨抱琴無用相扶杖有權爲嫌車馬至别思繞春煙

杜鵑花

青山紅半壁上有杜鵑花野燒爭殘日溪流失淺霞開當寒食節折到散人家不似小園裏重重裁絳紗

蝨

天賦趨炎性乘時盡入城膏脂圖一飽痛癢忘羣生不

解藏身術翻爲得意鳴老農猶望雨竟夕混雷聲

寄謝寶林

咫尺不相過知君意若何新秋風雨易名士别離多賸有東脩在不彈長鋏歌幾時來一醉共去賦殘荷

晚菊

棄置牆陰下天寒一雁窺能令秋有色不使世先知於物原無恨如人亦已遲延齡全仗汝泛酒正盈卮

先天閣

但有煙雲跡高寒不可留羣山皆下顧一水自西流漢使移金碧天威策馬牛當年未歷覽草木尚含愁

古冢

宰木摧傷盡烏鳶亦不聊鬼神空寂寂風雨亦蕭蕭蟻
國君臣古狐羣妾婦驕誌銘新出土賴得辨前朝

古廟

荒山餘破廟鐘磬杳無存鼠嚙神鬚短鴞鳴殿栱尊乞
兒眠白晝餓鬼出黃昏僻苦尋詩客何人一到門

一樓

坐卧一樓中窗門扇扇空羣山爭落日獨樹敵秋風嬉
戲懷年少文章讓客工壺觴知自貴笑指醉顏紅

哭萬香海

死去隔年月望天空叫呼斯人豈易有吾道一何孤祿
不逮貧士壽惟延腐儒狂名終自遠千載視須臾

如此人長在，低昂一世中。眼開巖閃電，舌動谷生風。笑罵節逾分，傾聽皆不同。峩峩高樹幟，早已失羣雄。

臥病

臥病亦多幸，家居如在山。過門人影寂，隔戶鳥聲閑。老樹避林立，孤雲辭雨還。石爐香未歇，裊裊竹牀間。

雨

雨氣連雲氣，沈沈入草廬。鄰翁稀見面，遠道罷傳書。暫作城中客，幾同海上居。秖應與水鳥，蹤跡不相疏。

憶諸孫

寄跡是孤村，淸泠及夢魂。偶嘗新果餌，輒憶小兒孫。此態老人有，因思衰母存。遠遊貪仕宦，倚望幾朝昏。

閒吟

屏山臨帶水。挾册坐中央。雨落桐花細。風抽竹筍長。醻
人文字膽。娛老歲時忘。茶茗風流事。身閒不覺忙。

過郎園

謫仙今不死。吾輩至如歸。地下容才子。人間厄布衣。挂
琴絃盡絕。立鶴影皆稀。長恐遲遲去。清霜向夜飛。

勝因寺看芍藥

不雨不晴候。藥欄花正開。未經人到處。都有蝶飛來。狂
客誰能賦。禪僧盡學栽。留春與消夏。此際且徘徊。

城中哭思振弟

久死無人報。憑棺下淚遲。弟兄成短夢。身世付殘棋。下

壽本非夭衰年偏易悲蕭蕭白楊樹無那斷腸詩

同馬子雲李翊清舊草堂側尋梅未開

長憶寒梅樹高枝擬共攀一林堆落葉半日坐空山歲煖雪猶秘村孤雲自閒更隨流水去憑弔小橋間

寄戴古村

歸臥深山久懷君入夢遲風騷不到處雨雪欲來時一夜梅花發千秋處士知無因相寄與獨自強吟詩

還山

春風一病得歸山北馬南船計日還滿載圖書珍土物相依琴鶴破愁顏長途旅館從容睡細字官銜任意刪留得本來眞面目清風明月袖斕斒

和答諸子汴梁城送別

長亭折柳自嫌疏。送過黄河百里餘。坐月中宵同聽雁。看碑古寺共騎驢。三春花鳥迎歸路。兩字平安待報書。南望鄉園今漸近。不須天末更愁余。

懷東皐園舊游

隱隱星河沒畫欄。美人千里共追歡。三更絲竹催新詠。一載園林住舊官。此日愁懷強自慰。他年遠去恨無端。始知情是相忘好。每到深時賦別難。

宿齊河答朱敎人

一醉酣眠到五更。牆桑樹底曉雞鳴。臣心慷慨揮戈日。子舍酸辛捧檄情。濟水東流終不改。華山南望卻相驚。

秋風秋雨長亭外爲賦從軍壯北行。

聞蟬

搗衣碪罷劇堪憐。秋柳聲中集暮蟬。幸不榮枯驚末路。
偏當哀樂感中年。連宵歷歷聞蛩後。一樹蕭蕭到雁先。
莫更撫琴彈別調。征人秖此已堪憐。

韋映暉送至漢口臨別賦詩

河水揚帆疾隼如。悠悠漢廣久躊躇。滿船風雨兵戈後。
二月飢寒患難餘。報友頻看新鑄劍。累人積恨舊藏書。
南來聞有平安信。歸語諸君得送初。

偶吟

游蜂戲蝶散花枝。枝上清陰午漸移。飲酒易悲成老境。

讀書欲睡近兒時。窮愁骨相封侯遠。疎懶心情謝客宜。治世久寬文字禁。不知何事減吟詩。

籬間遲同人小飲未至以詩速之

客在仙山第幾峰。黃花今已寫秋容。如何隔戶節聲寂。秪見當軒樹影重。酒味原如交味淡。詩情卻比宦情濃。市虛漸少人來往。莫待城頭起暮鐘。

重陽風雨

幾度重陽赴客愁。今年好作萬松游。長橋短柳斜陽路。古寺寒蟬落葉秋。不負雲山宜仗酒。誰知風雨罷登樓。黃花采盡空惆悵。佳節從來未易酬。

龍泉寺訪趙來軒

小橋曲徑隔清溪。問道初來路欲迷。樹影斜時山鳥亂。泉聲盡處野雲低。高文大國推牛耳。妙緒眞人逊馬蹄。咫尺城南歸去晚。輕煙漠漠草萋萋。

山中聞　命恭賦

不妨長作布衣人。一旦　君王憶遠臣。散後風雲重會合。枯餘草木再鮮新。終將樸學酬斯世。敢爲衰年乞此身。萬里馳驅如咫尺。徘徊秖是戀慈親。

雪山

自掃門前三徑雪。新添檐底一重山。始知無事日皆暇。便是入官人亦閒。沽酒小橋流水外。題詩横嶺側峯間。醉中忽訝梅花落。盡在清淸碧玉灣。

哭劉岸淮先生

峩峩天柱一宵傾。星殞如雷世盡驚。獨對事皆關社稷。退朝人止認書生。季孫自學蒼蠅逐。伯樂長聽伏驥鳴。每笑顧廚標榜甚。依劉原不是虛聲。

同諸公登東津城樓

屹然百雉枕清流。與客登臨正暮秋。片片飛帆來海外。蕭蕭落葉下城頭。飢烏寒雁依殘照。蔓草荒煙認古邱。幸值昇平無事日。何如王粲在荊州。

寄師望江荔屏

家鄉久已屬公卿。到老風塵隊裏行。能禮布衣眞下士。不矜循吏豈沽名。五絃彈罷江千里。百首吟餘月二更。

與我神交今十載。幾時聯轡返昆明。

登黃鶴樓

誰憐金馬碧雞客。白首重登黃鶴樓。飄渺仙風自終古。
縱橫詩膽亦千秋。淩雲酒氣失餘恨裂石笛聲銷遠愁。
爲問無情江漢水年年載得幾歸舟

與昭華弟

隔牆雞犬亦無猜。深巷柴門日日開。乞得好花分子種。
留將明月抱孫來。樽空不少醒中趣詩澀何難病後裁。
只是出游多憾事。人家僧舍半蒼苔

梅花

位置風煙不礙門。直攜明月列前軒。枯枝朽蛻龍蛇骨。

冷豔寒分雨雪痕。判得清名塞天地。留將老榦與兒孫。
幾回欲向瀛洲問。人道仙家無此園。

杏花

不見參差燕影斜。隔牆文杏屬誰家。山城野店新沽酒。
曉雨春風又看花。曲澗清流原未凍。小園芳草漸能遮。
世無紫鳳吹簫客。獨自騎驢對晚霞。

花影

露泥投涸正橫斜。得此蓬門靜不譁。地亦欲香難就掃。
影猶如舞況看花。佳人鏡裏時相妬。名士圖中畫自誇。
卻顧枝間無一語。從今始解讀南華。

賦紅葉

霜風一倍到城頭。不似昨朝黃葉秋。漫水聲中衰草岸。亂山影裏夕陽樓。老餘白髮增新詠。貧有清樽失舊愁。搖落人家不須掃。任他滿地彩雲流。

至古連然呈袁蘇亭

傳書魚雁亂紛紛。才向關前度霽雲。白髮雖然拘禮數。青燈只是說詩文。一生老氣真無敵。萬古狂名許共分。碧玉雲濤相待久。明朝游興且先君。

賦白牡丹

同是花師手種成。開時風韻獨何清。帶來一點山林氣。辭得千秋富貴名。孤鶴舞餘初不辨。落霞飛盡始分明。玉人多少含羞處。半醉朱顏薄暈生。

喜同年李松雲中丞至

同年海內幾人存。御史中丞世所尊。竟藉儒臣撫金碧。剛留野老遯邱園。雲蒸澗壑都成彩。泉繞桑麻盡號溫。弟使百蠻稱父母。飢寒我亦受殊恩。

山行

重山複嶺正迢迢。下入深溪上出霄。石與馬蹄爭窄路。樹隨人影占危橋。神驚洞底毒龍臥。勢隔雲中仙鶴招。那得南華閒門讀。游心物外自逍遙。

春草

春風作態點芳霏。極目平蕪接翠微。引雨斜侵流水滲。牽雲小襯落花稀。不須塞北憐孤冢。何事江南嘆落暉。

坐愛窗前生意滿。出門游興亦忘歸。

金碧草堂招飲花下

疾風甚雨過清明。燕老鶯殘正有情。一世難償賒酒債。滿街閒聽賣花聲。忽聞青鳥來仙窟。如見紅雲繞玉京。始信草堂春似海。香泥印遍屐痕輕。

寄李卽園

吾衰得汝破愁顏。詩卷早存天地間。海外文章蘇玉局。秦中樂府白香山。風騷道墜從今振。館閣才多對此孱。人世終嫌知己少。千秋國士半生閒。

金碧草堂待倪輝山兄弟未至時輝山將北上

軟紅何地拂塵埃。欲勸春風酒一杯。歧路終難挽車馬。

仙家已許借樓臺。不妨好客遲遲至。只祝名花緩緩開。
待到柳梢明月上。羣芳影底共徘徊。

古帖

唐碑宋榻玉相如。金石兼收及古初。縱到糢糊難辨處。
都成絕妙可傳書。縋山盜發埋藏後。落水人輕性命餘。
我輩萬錢求一紙。裝成亦自弆茅廬。

夢游山

燈下仙人折簡招。青山遠遠水遙遙。層崖倒挂千尋瀑。
斷澗橫流百尺橋。躑躅荒垣迷古寺。低徊短碣認前朝。
分明記得吹笙夜。嶺上身騎紫鳳驕。

寄古村

華峯翠水亦何奇。中有高人幾卷詩。便覺山川皆價重。萮聞名姓卽情移。一杯可惜難終醉。萬首常言不少疲。近日吟箋寥來往。白雲深處采靈芝。

病中憶東臯舊游

因病常思廿載前。沈疴高臥大河邊。新交舊友饋參朮。月夕花晨聽管絃。自幸罷官爲上客。都言廢令似神仙。於今少壯人存幾。縱使重游已黯然。

懷卽園古村

村居梅已送香風。正憶前年雨雪中。日有萬言憑客誦。時無一字待人攻。不須善畫成雙絕。秖覺能文避兩雄。忍凍孤吟遙相寄。幾番開閉恐函空。

寄卽園

茫茫大地一浮塵。策足看誰據要津。歲歷百年原是夢。詩成千首未爲貧。長愁我死無知己。盡道君生有替人。願得淸時俱兩在。圖形何必不麒麟。

聞古村北上其甥黃孝廉象坤隨行遥寄

此去逍遥作遠圖。風流更喜范甯王忱俱。江河眼底成兼得。井鬼回頭限一隅。道左據鞍同顧盼。舍中爭席各踟躕。幾人似汝賢甥舅。萬里聯吟到　帝都

漫興

絕少移文到北山。家鄉已是廿年還。不才於世本無用。多病此身翻得閒。好夢全來秋雨後。新詩半在夕陽間。

乞花索酒人皆笑。一種癡情未易删。

寄孫璞山

美人絕代勝夷光。綠鬢如雲變作霜。銀漢天孫空作婦。
靑溪神女竟無郎。靈心織素成千匹。纖手調羹斮一嘗。
我欲爲君詢娣姒。幾時才得事姑嫜。

寓大新橋僧寺

山僧喜靜默。對客如寂處。半日無言說。空中有鈴語。

聽鳥

高樹先秋蟬。幽窗日已晏。春風曾憶汝。啼落桃花瓣。

晚夏

牙籤玉軸上塵埃。老眼朦朧慵更開。馴鶴不飛松子落。

前村有客抱琴來。

王子文至自都中

三月長安玩物華。一朝風雨返輕車。問君何事歸來早。秋水亭前看藕花。

客至

三年不見故鄉人。名刺纔通便可親。細說家常過夜半。翻疑消息未全眞。

過衡王故宮

衡王宮殿草萋萋。遍訪殘碑日已西。燕子不還春寂寞。野花開到舊棠梨。

午後行田間

河水東流不復回。老農徹夜自悲哀。日長莫枕鉏頭睡。
門外催租吏早來

晚行小溪中

貪看晚霞秋水濱。漁郎笑我是知津。平生不敢爭先路。
歸去輕舟也讓人。

雲峯寺

日短山深晝不眠。青松煑茗淡生煙。道人少汲潭頭水。
留作寒崖瀑布泉

晚食

椿葉芹根已漸稀。不知何日是瓜肥。客來笑說南山上。
昨夜東風長蕨薇。

赴師園招飲同錢芷汀

折簡傳來字亦香。醇醪未飲興先狂。聞知看待詩人處。百樹梅花一草堂。

白桃花

白雲遮卻遠山尖。無限相思一夜添。莫向紅霞深處望。玉人只隔水晶簾。

漫興

龍腦香消冰簟斜。客來秖說是僧家。忽聽壁上雙龍吼。飛向空中落劍花。

讀當塗父子詩偶題

父子弟兄同一時。建安體格至今知。老臣一一表參伊傅。

名士原來不在詩。

晚眺

暮靄蒼然到竹扉。老牛背上擲蓑衣。村兒不解吹長笛。斜抱松枝犢後歸。

滇詩嗣音集卷三終

滇詩嗣音集卷四

呈貢戴淳古村定　　昆明黃琮象坤輯

師範　字端人號荔扉趙州人乾隆甲午舉人官望江縣知縣有金華山樵前後集二餘堂詩稿文槁滇繫

秋夜讀書

夜靜百蟲歇。河漢在西堂。呼燈坐虛室。披襟澤前芳。始如治亂絲。曲盡紬繹方。纏縛一以去。心刃飛寒芒。繼如陟五嶽。巇險皆備嘗。周視耳目變。奇奧失所藏。功匪恃記誦。妙甯闚文章。較彼漁獵者。奚啻十倍強。捲書起延佇。微聞木樨香。涼月亦驚上。為余發清光。

掃地

昔聞陳仲舉。志不在一室。又聞倪元鎮。落葉以鍼拾。我屋甫數弓。差可具牀席。晨起邀淨君。灑掃弗間日。時覺淸虛生。羞見荒穢集。凡榻呈威儀。琴書長氣色。潔地如潔心。私欲必盡滌。當塵湫隘間。終恐智慮塞。

病起感詠

夜來魂夢淸。貪眠不知曉。披衣傍小窗。簷端日皜皜。起檢牀上書。凝塵手自掃。僻地無人來。時啼一聲鳥。

晚行玉田道中

侵曉即驅車。傍晚猶未住。遥望玉田城。平沙莽迴互。春風漾遠水。落日墮高樹。地曠天四垂。林深鵲爭聚。野色從西來。蒼然易成暮。已斷烟中人。不辨煙際路。炯炯長庚星相照免迷誤。投宿向前村。知在燈紅處。

幽居

一峰高出雲。數峰雲下伏。雲去亦無心。峰峰隨空綠。誰於山外山。搆此屋上屋。都非園綺儔。想亦葛懷屬。老不入城市。飯飽無寵辱。應笑往來人。帆檣日相逐。

茅灣

不爲尋幽來。轉得尋幽趣。澄潭臥烏牛。圓沙下白鷺。撲面午風涼。蟬聲隨空樹。

黑泥坡

下山似入甕。上山類出井。密林蔽深谿。層峰壓高嶺。轉疑造物勞。位置散不整。意欲鏟之去。蒲輪得安騁。八百

里秦川天長日垂影恐復厭遼廓回首念斯境

雞頭關

晨興發褒城委遲苦登陟始如猿引枝繼如鳥張翼雄關矗雞頭金距聯鐵臆宛奮鬬餘勢怒幘向人直雲墜恐無心江湧寶不測一線緣崖脣下仞入山肋濤轟耳頫聾石怪日彌惑路轉似折帶頂踵互相逼胡乃造物意竟欲逞峻刻頫聞隆準公分王此制域天漢波仍清秦棧灰長黑蕭言亦良佳韓功究難泐間道趨陳倉兩戰咸陽克鐘虡貽後賢緜延逮三國失險更何恨難借丸泥塞成敗且勿論青峰望無極

黔山歎

黔山復黔山。亘古青不已。爲宮或爲霍。何從問源委。才覺秀可餐。忽見猛於鬼。非無雄奇姿。終乏清淨旨。仗下黑色兒。㶚上重瞳子。溢以三五尊。凶狡安足齒。女媧昔鍊石。翻鼎置餘滓。叵靈棄弗顧。操蛇懶未徙。遂同病僧衣。百結失表裏。或同韓侯袴。敗絮雜壞紙。苗蠻蝨其間。營穴日生蟣。千種萬種多。寸絲片縷始。爬抓苦難盡。逼爪悶欲死。思借秦帝鞭。鞭塡東海底。北望連　京畿。華夷匪二視。穆穆揚　皇風。熙熙聚仁里。俾茲怪醜區。一朝變淳美。此願雖然奢。此言有如水。

下灘

連山束驚水。山勁如立骨。水怒噴成花。萬古白不歇。旋渦簸仍圓亂石出復沒上覆蒼蒼天下有冥冥窟扁舟淩空來篙槳氣蓬勃力與灘相持勝敗爭一髮迅等弩釋機疾若馬負歷過灘灘聲低乘流興飄忽我性本桀傲奔走帝所罰借帆西入川挂席南到越蜀灘而嚴灘落眼極突兀豈乏波瀾憂終嫌塵土堀買車未買船事恐昧始卒懷哉古賢人聞鈴或喜蝸鈴蝸何足思北歸已近闕吟罷江風吹春篷耿斜月

感遇

言采幽蘭花其花白如毛借以備羞膳承歡萬事足仕本非爲貧爲養始謀祿得祿弗逮養愍焉傷心曲秋草埋荒阡浮雲散空谷人皆慶椿萱我自悲風木

作吏如作婦揣味調鹹酸先入小姑口借博阿姑歡情
僞匪一致法令猶多端十年而九牧此事古所難我心
即民心民安我乃安忠恕有大道何論猛與寬

古詩三章送袁癡髯歸滇兼呈雲巖師

與子四載別各在天一方俯聽清泉流仰視浮雲翔浮
雲映清泉顧影空茫茫日昨喜合并塵路生輝光刺促
挂帆去欲言先徬徨仁義且芻狗詩書皆粃糠求仙亦
虛妄學佛尤荒唐何如守吾眞身世兩相忘

北風連夜吹風止雨弗止蘋菼新治城半浸九江水蕭
蕭郭門柳含煙綠旖旎折之送君行銜杯不欲起未識
此生內離合復有幾前路越楚黔迢遙六千里何時抵

滇山。急為報雙鯉。

堂堂陳仲弓曾使一國活。引謁白狼徼。徼生慰拔豁。人事或偶乖。吾道豈終閼。感君重意氣。蒼黃代託鉢。吹簫朝入吳。鼓枻夜適越。掀髯飄雪霜。挺身耐饑渴。非僅為酬恩。聊以勵布褐。我心如纏絲。我力等聚沫。曲罷悄無言。含情向天末。

採榆樹

朝採榆葉暮剝榆皮。根如可食掘已多時。提筐泣坐樹旁路。此處全空向何處。風吹榆莢入黃土。一夜安能齊作樹。

薊州道中望盤山

赤日曈曨天欲曉。柳外才啼一聲鳥。几坐檀車來自西。倉卒相逢殊矯矯。偉然漢皓古衣冠。俯仰雍容磬折難。不向塵中爭位置。轉從空外得高寒。長松千樹復萬樹。翠色迷離化煙霧。定光塔上白雲多。曾是當時題壁處。方寸生平五岳全。蓬萊亦在海霞邊。點蒼山下明年月。回首田盤共皎然。

緬人來

緬人來。何爲乎。大緬蠻目形狀粗。錦衣偏袒如垂胡。肩輿坐結全跏趺。心若有思貌則愚。二緬跣脚微拈鬚。聞以黠驁雄其徒。口嚼蒟醬脣流朱。俯視一切神雖盱。聶而從者左右趨。露刃跣足恣歡呼。興到時挾怒馬驅。犒

物狼籍走且躍。傾城士女觀塞途。卽起閻令難爲模。我
皇威德周海隅。大吏招集功豈誣。明朝乘傳走　京
都。通關款闕　天顏娛。使沐　文教瞻輿圖。時詔緬酋歸路由江浙
從今蠻貨盈街衢。寶井色石南海珠。象犀珀玉紅氍
毹。丁亥戊子跳鼠狐。我軍兩路勤轉輸。官册未銷昔日
逋。得此寗足瘳民瘉。況乃夷性犬羊殊。撫之失策生覬
覦。君不見錫薄城邊血模糊。天陰月黑啼老烏。緬人來
何爲乎。

岷江洗硯行

女媧煉餘一片石。與我相隨屢行役。圭角微藏見老成。
毫墨雖良仗驅策。肯讓青州纏絲紅。頗似端溪蕉葉白。

春闈七戰俱被阨。壯不如人非汝責。遼塞燕畿十載游。焚香坐對數晨夕。磨腹詩吟戛玉聲。臨池字避簪花格。小舟南下入襄漢。琴劍尊彝互主客。把酒同登黃鶴樓。屐裝徑渡雲夢澤。金華嶺畔寒氈前。亦有流峙供刻畫。奏績茲許朝承明。論功吾敢昧曩昔。蜀山蜀水天下奇。點染山水無遁魄。生原好潔恥納垢。宿瀋偶存疑壓額。洗向岷江江影深。銀濤滾滾漱靈液。化作文瀾赴滄海。也使蛟龍識心跡。祓濯自此尚無惜。落紙動即關蒼赤。拭罷歸船秋月高。回首峩眉遠煙碧。

移家行

皇帝五載庚申冬。臣範走馬黔山陽。黔山雄譎肆奇峭。

中通曲磴盤牟腸。連宵大雪白無際。千嶺萬嶺堆球瑯。
層冰絡地凍石骨。迴飆吹面森劍鋩。騾特伏耳蹄不下。
輿皁窘步神先僵。郎教飽煖亦裹足。竟以寒餓來相當。
男女雜遝紛老稚。顛躝躃躃盈道傍。姐或掖妹子負母。
姑嫂娣姒交扶將。或呼里鄰或姻婭。如蟻聚陣雁分行。
前挽後坐互提挈。手挾韈襆肩筥筐。家具瑣屑靡不備。
引繩爭致牛狗羊。小兒三尺亦結隊。竹杖牢拄愁趨蹌。
觀之忽覺淚被面。彼蚩蚩者投何方。牧民誰實令斯境。
胡乃聽其輕去鄉。爲言祖籍界川賁。人多田少春乏糧。
兩經旱潦秏籽種。篋中典盡單衣裳。昨傳興義好土頭。
膏墳沃壤兼赤黃。水泉撒漫易耕耨。歲餘粒米塡倉箱。

狆苗首亂旋就戮。近復盡族遭天殃。腴田咸棄作甌脫。因之西上同開荒。此生但得足饘粥。首邱客死俱尋常。況攜婦孺合亞旅。天涯是處皆梓桑。乍聞而語疑且歎。而輩終恐成流亡。漢夷錯處本冰炭。逐一難與分好良。吾滇前年苦鹽政。舉室遷徙蠻中藏。威緬同時迭煽動。轉輸幾度勞斧斨。大吏布置應費意。鋤除苛細嚴貪狼。新戶舊戶付尺冊。按口安插分井疆。巡行時爲察勤惰。河要有閘江有防。言之卑愧越予職。不言更覺心皇皇。九州被共萬間廈。安得遍起天下痍與瘡。宅爾宅亦臧厥臧。淳風畢世歌虞唐。

洞庭舟中擬少陵七歌詞雖不逮情有加慘天風

湖浪亦如助我悲吟矣痛哉

我父十四稱藐孤。思親日日淚欲枯。篝燈丙夜泣且讀。換心感神神弗渝。廿年清宦返鄉里。八旬已過尙兒齒。有兒食祿不能養。代課田園畜妻子。先皇乙卯月在正。徵書遠下許作令。卸篆還家擬乞身。我父催行恃無病。可憐五月兒上路。十月我父家中故。歸來負土悲重泉。椎胷空哭墓門樹。嗚乎一歌兮歌聲酸。洞庭風雪何漫漫。

身上衣。猶手中線。夢回時見慈母面。異鄉聞訃已隔年。菊花秋老陽曲縣。丙辰十月家多難。疫氣流行各奔竄。倉卒避病往妹家。我妹殷勤謹昏宴。偶因泄瀉遂弗起。

衣衾事事資料理。視殮無兒幸有孫。萬里牽懷遠游子。
憶昔我父居長安。我母持家耐飢寒。省衣減食購筆墨。
見兒上學心喜歡。嗚乎二歌兮歌聲苦。生男乃竟不如
女。
有兄有兄分宅住。四十無男妾兩娶。迎親遠到遼海西。
朔雪滿鬚塵滿袴。南歸同過洞庭湖。白頭對酒風徐徐。
黔山楚水盡游徧。我作廣文君家居。喪明忽抱西河痛。
伯已成殤尚餘仲。男女相逢皆偶然。半世奔波歸一夢。
我生手足多難言。試一言之心煩冤。王家妹與余家姐。
兩鬢蒼蒼各守寡。嗚乎三歌兮歌聲哀。孤雁新從滇海
來。

七弟四十已稱鰥。入世弗辨靈與頑。一杯自酌遣萬事。新詩常愛吟小山。昨聞次女十月歿。大女嬌癡兩兒訥。衣食知難如所求。田疇半荒腳不韈。即作人間汜勝之。耕穫期無失其時。負薪荷鋤總常事。淸德吾家大可思。爾南我北愁芳草。此生安得對牀老。嗚乎四歌兮歌聲吞。脊令原上天黃昏。

一斗粟舂未及半。雞既鳴矣何時旦。炊扊扅與烹伏雌。誰歟偕老誰中斷。瘦妻二十即歸我。作贅妻家計原左。荊釵裙布本當然。滴米數柴未嫌瑣。三春楊柳獨登樓。蓬首無端成白頭。半世相從只作客。累卿攬鏡長悲秋。若竟遲君數日死。屋下蓋棺已無子。撒手難辭薄倖名。

北風吹凍平湖水。嗚乎五歌兮歌聲長。橫塘啞滿雙鴛鴦。

才不才各言其子。一子今乃先父死。隨婦殉母計亦良。終教抱恨重泉裏。雙親棄養無事無。半生眞與百憂俱。高堂差幸不見此。涼德空悲天喪予。生年廿九似長吉。遺詩數首未失律。誰憐老作顏延之。徒傳唆也得臣筆。伶仃常是惜兩孫。七歲五歲誰溫存。左家嬌女況新寡。哭兒有淚日盈把。嗚乎六歌兮歌聲纔。反哺我愧林間烏。

九疑山色連雲碧。赤沙湖入雲夢澤。風吹濁浪堆成冰。作茲惡劇愁羈客。東望巴陵橫素波。向來哀樂何其多。

生平意氣重結納。葡萄酒酌金叵羅。楚南問俗有錢起。曾對湘靈奏流水。自騎天門白鳳凰。落落人間幾知已。楊秉亭彭竹林洪西堂趙所園俱可憐。龔生南樓忽自天天年總角交游更誰在。回首騷壇雙淚懸。嗚乎七歌兮歌聲咽鍾期不來絃已折。

題蹴踘圖

青巾黃袍者宋藝祖對而蹴踘者趙中令衣紫者乃太宗居太宗之下者則石守信巾垂於前者黨進年少青衣者楚昭輔

只幅淋漓足生意。寫出開寶年間事。開寶君臣好身手。政平往往共游戲。笑語聲疑聞九天。祥雲護衣日照地。絕技肯輸曹子桓。餘風直到宣和帝。黃袍一加十國淨。玉斧偶揮六詔棄。龍行虎步果英物。兄終弟及匱祕記半部書傳趙韓王。雙圈眼識黨太尉。惟石旣楚皆可見。回軍都與陳橋議。散錦團花極飛揚。趕星捉月分向背。頭籌奪得爭歡呼。幺麽亦可關神器。君不見一毬起一毬落。兩旁觀者俱不弱。五朝八姓如弈棊。倉卒李鴉連郭雀。習勞詎厭筋力痛。投石超乘終嫌粗。鬚眉顧盼森欲活。嫓美成周無逸圖。

舟中曉起喜見廬山

船窗破曉懸朝陽。洪波四塞天中央。二百里山忽墮眼。五老一一鬚眉蒼。霏藍翕黛萬千狀。大會羣后開明堂。側可成峰橫成嶺。坡翁句好誰能方。屏身岳瀆喜備覽。盤峨台宕相徜徉。覩茲更覺神卓越。左江右湖勢竝張。

匡公已仙遠公佛。白蓮花尙人間香。須臾雲起等曳絮
或爲鴻鵠爭翱翔。才自山南遞山北。塡坑漫谷通混茫。
孰爲雨林孰三峽。以意指畫終難詳。午風吹徹錦步障。
秀色倏與帆低昂。昨歲曾上琵琶亭。闌干倚徧愁循牆。
攀躋未遂心不釋。魂夢長繞棲賢旁。山靈於我饒夙緣。
許覿眞面無荒唐。聞有瀑布甲宇宙。雷奔電掣聲砰硠。
安得手扶九節杖。徐凝李白趨且蹌。倒鞭玉龍吸海月。
立使火宅生清涼。回視此時盪舟處。樹影瑟縮浮秋秧。

改亭先生端溪缺角硯歌爲計守恬作

計子手中石一片。云是改亭所遺硯。其理滑笏其體方。
兩角微偏恥矜衒。非關巧匠無全功。要使太璞留眞面。

銘詞斑駁祖又孫。百三十年馳傳箭。籌南論與寄范書。集中有籌南論寄范大夫書奇才當日已獨擅。弔歸悼謝饒古心。灶香立碣極遙戀。崟嵜歷落惟汝偕。供灑煙雲走雷電。攀嵩岱復浮淮河。踏燕齊仍涉泗。汴燈前催出詩或。文昊廬擊節牧仲羨。公曾佐王宗伯直隸學幕並善宋太宰天肯容公四載活。攜汝定上蓬萊殿。公卒於康熙丙辰越己未即有鴻博之舉。汝能壽公公壽。汝華屋山邱幾回變。守茲故物同梧棬。寶作良田世耕。佃洗以大江東來之素波。襲以餘瀋新織之純絹。飾以蒼玉盛以檀等。閑勿許俗人見。遠邁青州近歙縣。摩挲時覺墨花絢。我歌纔罷神欲飛。抱甕軒西月如練。

七客寮

酒以洩崟嵜抑塞之情。詩以發溫柔敦厚之聲。書不必鍾與蔡。畫不必關與荆。玉軫絃調音穆穆。楸枰子落響丁丁。說劍何必眞劍舞。興來偶試胷中兵。主無寸長好結客。談詩把酒共朝夕。捫懷幾度感牙期。袖手徒能觀黑白。畫可鐵屈書鵠峙。過眼煙雲總陳跡。不如彈劍且高歌。一笑蒼茫楚天碧。

望蕩山寺

妙香城外望。林刹遠紛紛。一徑入寒雪。數峰藏白雲。雁鴻秋末見。鐘鼓夜深聞。何日脫塵鞅。翛然鸞鶴羣。

白沙關

萬壑千山裏。盤旋鳥道橫。殘冰留虎跡。飛瀑亂猿聲。地挹雄關險。巖臨古木傾。穿泥行折坂。雲氣袖中生。

波漢水望文選樓

昔賢讀書處。高挹楚天秋。人物堪千古。江山此一樓。殘霞明遠渡。落日滿輕舟。腸斷王孫草。萋萋綠未休。

卧龍岡謁諸葛武侯祠

若作終身卧。誰憐抱膝吟。艱難出師表。慘澹託孤心。王業開三顧。天威壯七擒。定軍山下碣。空有淚霑襟。

次潁橋

斷磧通平野。春深綠未齊。暮雲江北雁。殘月汝南雞。巢許風斯古。苟陳跡已迷。淸川明日路。疲馬聽鶯啼。

塞門秋興

近塞秋偏緊。驚風徹九邊。長城何代築。滄海古時田。木落呼鷹地。霜清射虎天。牀頭孤劍在。鈍鍔儘堪憐。

晚蟬

病枕眠難定。凄涼旅客情。小軒雙樹合。斜日一蟬鳴。已帶清商至。能催白髮生。如何當月落。猶曳別枝聲。

偶有海濱之游賦示諸同志

攬轡得新霽。沈陰風掃開。潮平初日上。木落遠山來。忽到熬波地。空懷作賦才。魚能如識我。爲結小樓臺。適觀海市

落葉

若教長不落。何處用春風。飄泊千林迥。榮枯一氣同。任天能自化。委地尚留紅。未敢忘生意。吹來總向東。

歸汐

恥作無根水。湯湯去不停。雲垂江樹白。月落海門青。未信緇收影。虛疑鷺化形。曉來爭向若。餘潤滿芳汀。

贈王東渠郎以送行時與余俱需次廣文

十載長安道。隨君踏軟塵。可能當此日。俱是不如人。瘦馬依風立。繁花刺眼新。故山饒昔舊。歸喜及初春。

靖江王廟 王即甘將軍興霸

百戰英名在。千秋廟食隆。恩能酬大帝。膽足震曹公。古瓦含春雨。靈旗濛北風。神鴉飛送客。雲氣午濛濛。

送湯碧塘從軍安南

伏劍逐西風。山山葉正紅。王師本無戰。之子樂從戎。早貯平蠻策羞談下瀨功。富良江上月。留影照賓鴻。

上戊日委祀蒼山廟

毓岳雖疑僭。南天秀獨鍾。深山出雲雨。大壑隱蛟龍。氣壓三千界。春回十九峰。福民兼佑國。瞻拜喜從容。

城南望雪山

雄鎮邊州北。森然玉作羣。經年常見雪。終夏不離雲。氣候陰晴異。精神向背分。瑤壇仙路近。松柏有奇文。

五日沙溪住時聞苗匪不靖

五日沙溪住。茫茫絕見聞。鳥聲清似磬。春水白於雲。失路林間牧。關心瀨上軍。詩雖隨酒斷。倚杖立斜曛。

誌別

分袂頻呼弟。君居我始行。高堂雙白髮。萬里一書生。歲歉艱甘旨。天遙阻甲兵。蜀山與秦棧。相念亦關情。

袁十三以詩在餞賦答

麗水重相見。霜寒札屢催。窮交能薦士。憲府倍憐才。地本來游慣。人當報最纔。平平王道在。欲去獨徘徊。

馬龍感賦

州竟窮如此。蕭蕭夕照黃。人煙隨樹斷。鳥道入城長。十載閩山雨。千秋黑塞霜。一家名父子。零落總堪傷。謂李觀察喬梓

赤水河

到此分川貴。征輿且暫停。長河穿地赤。疊嶂逼天青。風

吼灘聲壯。山空石氣靈。人家雲際有。一徑入蘿屏。

秦境

不盡朝天路。艱難蜀塞同。征車臨隴首。板屋見秦風。俗已氐羌華。江猶漢沔通。付書無過雁。心折武關東。

南星鎮

落日古陳倉。碑橫大道旁。心勞漢丞相。氣盡假齊王。地正交秦隴。天持界雍梁。我來方十月。錦樹飽經霜。

拜南園先生柩

死尚留生氣。今難壽古人。堂堂眞御史。落落舊詞臣。何日馳丹旐。回頭隔紫宸。才堪天下惜。揮淚莫嫌頻。

長城

飛堞虎牙橫連山拱　帝京三關形獨擅萬里恨難平
版築勞王霸邊防倚重輕鬼燈中夜出愁聽響丁丁

行役

行役重行役孤吟誰復聽日含龍塞紫天落雁門青蔓
草單于幕晴沙長舅銘千秋雲與朔月黑走英靈

固關

落日固關冷清秋山色迴河身全作路谷口半營樓氣
尚一夫短人懷千歲憂幾多成敗事空向掌中籌

覺莊以詩送別依韻答之

落葉滿天地自憐人未歸寒齋無客過故國有山圍俗
薄詩書拙年荒鳥雀饑莫將離別淚隨雨溼征衣

晚抵汶上縣

肅肅賦宵征迢遞汶上城疏林殘雪影古寺夜鐘聲歲晚愁行役年衰減宦情萍蓬歎流轉徒戀此虛名

秋煙

一抹青無際疑雲不是雲長天橫大漠晴樹隔斜曛山遠看難辨江平淡未分茫茫龍塞路誰更感離羣

秋草

一片裙腰色萋萋欲變黃已難留暮雨猶自戀斜陽失意蕪城賦關心九辨章捲簾試相對白上滿頭霜

秋螢

階下吟偏切牀頭語更多劇憐人別久奈此夜涼何濃

露滋黃菊微霜被綠莎含情難自遣頓欲引長歌

郎岱城

孤城萬嶺間風捲戍旗閒夜火餘糧堡寒雲打鐵關八方資重鎮天已靜諸蠻容易殘煙裏勞勞數往還

出安順喜得平路是日頗晴

任爾高無極終須有盡時冰山何足倚前路本來夷宦跡飛鴻影鄉心兩鬢絲濃雲風打破迎面已朝曦

夜泊西風潭

沙闊波全伏灘空石不肥雲陰隨岸轉山影入天微紅認江塘火涼生旅客衣鳴金知就泊村犬吠聲稀

北風

吹回半湖水推出四山雲連夜調成雪黏天白不分淒能號萬竅雄足走千軍聲勢眞無極羈人已厭聞

九里關感賦

又到山深處層崖夾一河已聞嵩樹近猶覺楚雲多細雨霏霏下微風習習過毘雎江上路卅載負漁蓑

望九里山

九里山前望韓侯怒擁戈力能摧項羽身總付蕭何氣向登壇盡疑從躡足多眞王兼大將遺恨滿層阿

鳳廬道中

江北淮南路天空地欲浮午行愁觸熱人老易驚秋斜日明淝水長雲接壽州生餘飛動意對此轉含愁

大觀亭散步

涼風天末起。來上大觀亭。一鳥憑空下。羣山隔水青。出眞慚小草。老尙作飄萍。行役年年慣。滄溟兩度經。

初八夜見月

天際半輪月。今年初次看。知猶存臘意。殊不耐春寒。江返波同碧。人閒夜易闌。從茲應漸滿。破鏡許重完。

送大音和尚

爲拜文殊去。飄然興獨遒。錫飛常帶月。道遠易經秋。白草連天暗。黃河入塞流。淸涼臺畔立。和雪看并州。

雨夜懷袁蘇亭並寄

窮交惟我健。古道得君存。爲補游人債。來酬國士恩。買

書招僕怨敲句恨燈昏連夜淋浪雨相思獨舉樽

將赴宿松阻風吉水鎮

無數垂楊樹西圍吉水溝往時曾繫馬今夜仗維舟弄影搖明月含情舞碧流千倉萬箱地都付與沙鷗

別廬山

又與廬山別雲堆五老峰三朝復三暮相見肯相從晴雨關心久煙嵐入眼濃夜來清夢裏曾聽虎溪鐘

懷張鐵禪

多病張公子詩情爾許深美人撫瑤瑟明月生空林獨抱四愁詠如聞三歎音前身應太白把卷俊難禁

懷鄧完白

襆被游山左摩崖字必多一囊裝岱岳三月渡黃河應念棲林鶴難爲拔劍歌歸來重過我載酒泛清波

得家信次孫云亡含淚賦此

成名非所料頓使爾兄孤骨相全無準田園恐就蕪九原如見父一痛更憐吾文度眞難及情牽膝上雛

羣盜

羣盜何所恃弄兵仍負嵎空思保要領終是逕頭顱妻女緣雖絶邱墳戀豈無專征經略枉轉餉度支須巢窟非難搗山川本易圖年年看兔脫戶戶聽庚呼擾攘連三省憑陵走萬夫誰與甘致寇念此恥言儒縛束酬鸞鳳將牢豢鼠狐意錢粱氏婢調馬崔家奴高忽耽文讌

毕方禦道途。承平知巳久。國憲未能誣。乃復謀鷹擊。誰甘作豕驅。毒皆愁螫手。創竟始穿窬。鄖水原兼漢。巴江舊入湖。烽臨秦棧斷。彗壓楚雲孤。救過潛通欵。分營各守株。冠飄金雀尾。身佩玉麟符。天子今神聖。諸公亦碩膚。恩曾寬解網。詔屢謟逃租。軍羨祭遵整。粟從蕭相輸。甲光浮組練。民氣壯菱葯。間貴攻心用。威爭奮臂趨。元凶聞自殄。殘孽可全俘。守肯容虁遂。鋒宜選郅都。一朝休戰伐。千里失枝梧。事匪求於遠。功當受以需。銜杯思頗牧。載筆頌唐虞。耕罷牛嬉犢。春歸燕引雛。欃槍消果盡。老眼不模糊。

滇詩嗣音集卷四終

滇詩嗣音集卷五

呈貢戴淳古村定　昆明黃琮象坤輯

師範

秋夜

寥廓荒場遠市城。鵬雲渺渺蚌沙平。天圍大漠山無色。雁落榆關月有聲。鄉路夢迴人萬里。客窗鐘定夜三更。思家憶舊情何限。斜倚寒燈坐到明。

登窖臺

對此還應賦快哉。秋風萬里獨登臺。宮中樹挾晴雲出。塞北山隨返照來。屈子騷成徒有恨。賈生策廢尚餘才。故園回首黃花在。正伴疏窗冒雨開。

由　午門赴挑內閣

隨例趨朝卽是。恩曉排魚隊入、端門。御河波漾雲霞色。宮樹陰含雨露痕。遥向虎頭瞻上相。喜憑龍準識王孫。皇皇萬國銓材會。良楛都從大匠掄。挑選大臣爲　皇十一子　皇十五子並阿中堂

重九日裴璞軒招飲

他鄉佳節倍徘徊。誰識同岑有異苔。三輔關河初落木。百年天地幾登臺。沙園古刹重重聚。煙擁遥村漠漠開。黃菊滿頭萸滿把。醉中秋色逐人來。

南歸有日賦示璞軒諸君

劍湖歸去理漁蓑。短髮星星奈老何。知己不來魂夢遠。

半生有幾别離多。楚山雲易開前路。滄海風難挽逝波。指爪偶然留雪上。高翔天際謝虞羅。

晚泊牌洲

黃鵠磯南放櫂過。楚天雲物尚清和。帆如落葉爭辭樹。人似閒鷗半没波。江表山遥風色暝。漢陽春盡雨聲多。年來慣作燕臺客。走馬荒原興未磨。

重過石碑塲感賦

十三年住馬城旁。今日重過似故鄉。前事豈期隨夢遠。閒花亦覺比人長。自從别去頻相憶。錯認歸來喜欲狂。此後未知能到否。關情猶有舊垂楊。

昊天寺訪璞軒孝廉

驅車又復逐征鴻。萬里雲衢一徑通。地擁晴沙滄海上。天開古刹夕陽中。重逢頓覺鬚眉爽。小坐深慚禮數恭。我輩交游千載外。莫言分手太怱怱。

由澧州換馬疾馳遂至武陵

澧州城接武陵城。侵曉揮鞭暑氣輕。樹解扶疏堪入畫。山能平遠便關情。天從白鷺飛邊去。人在蒼龍背上行。驛吏相逢輒相訊。不知騎馬是書生。

過沅州府

西風颯颯釀新秋。路繞高原古木稠。雲氣半山浮郡郭。江聲七月抱城樓。煙迷翠館春移棹。雨霽虹橋午繫舟。三度到來無一字。枉因芳草夢沅州。

曉度雞鳴關聞雞

雞鳴關上聽雞鳴，涼意侵人兩袂輕。雲讓樹陰移月影，風摧石氣走灘聲。王陽到此應回馭，齊客如聞定絕纓。憑軾不須重起舞，十年前已媿終生。

宿甸尾蔣氏樓諸及門有至者

劍湖秋淨湧霜濤，又向重樓解佩刀。四壁寒山人影淡，一天涼月雁聲高。荒年米貴憑誰索，客夜詩成許共鏖。撥盡村燈情轉劇，長談未礙老夫豪。

立秋日偶作

當年意氣本飛騰，閱盡炎涼詣轉增。倦客魂消三伏雨，寒城秋擁一窗燈。未能免俗愁離別，豈不懷歸戀友朋。

聞道金華山畔路。風吹漲水沒芳塍。

次大理

點蒼西望翠嵯峩。抱郭雲搖窣堵波。六鎮旌旗趨帥府。提軍駐此兩關風雨會榆河。士崇禮讓周旋密。人重農桑旨蓄多。竟合移家來此住。手栽月桂傍煙蘿。

南園先生復　授御史喜賦並寄

午門雲氣曉濛濛。得失何曾較楚弓。半歲三遷人盡訝。一臺兩入遇誰同。病餘驄馬輕長路。擊罷蒼鷹任北風。恩眷自深心自密。回　天全在不言中。

登高望山極頂先天閣

未得淩雲載酒游。高標臺上俯嘉州。十門煙雨憑誰畫。

千里江山到此樓。背郭天橫指洪雅。打船風急阻烏尤。無人敢繼蘇黃跡。吟破平羌九月秋。

大安鎮

潭壽關前有戰場。劉吳舊壘草同荒。谿風冷濺三泉雨。隴樹紅凋十月霜。空指金牛跨古驛。休憑白馬問降羌。看山東欲窮嶓冢。淰淰寒雲隱夕陽。

觀音碥

竟向觀音碥上行。破空一徑與山爭。俯臨絕磵陰無底。斜蹬危欄窄有聲。雲散慣看征鳥住。日沈時聽冷猿鳴。風流沈宋俱銷歇。我欲重歌棧道平。

大同雜詩

峭水叢山入望頻白登臺畔草如茵野花紅漬閼氏淚沙岸黃消冒頓塵風雨控弦三十萬佩環款塞二千春行金祕解高皇戹從此朝廷重美人

平城春盡藥初胎往日空歌魏跋來尚有雲橫蘇武廟更無人說李陵臺干戈五季魚龍雜鎖鑰千秋虎豹哀誰似蒲州楊太保清時已自蓄邊材

登左雲縣城樓

層城屹立勢嵯峨戰伐曾傳此處多落日天橫鵲兒嶺曉風人渡兔毛河睡餘牧豎驅羸馬秋盡村農拾斷戈元魏遺宮耶律寨英雄往事耐消磨

關北雜感

倉卒空憐石敬瑭燕雲割罷作兒皇天橫四塞吞元漠
地闢三關阻太行遼失寸金貪納幣宋隳全力誤開疆
幾家豪傑消除盡煙草濛濛隱夕陽

舟泊淮城未得訪釣臺

無復當年舊釣臺春流如玉抱城隈一竿風雨王孫餓
百戰功名猛士哀推解竟能愚大將黥彭俱不媿奇才
蕭蕭夜火淮陰市恐有人從跨下來

苗亂後自安莊至茅口所過殘破今已二年民氣
未復感賦

尚有山光照眼清感人風物易傷情屋經焚後牆猶赤
田到荒多隴漸平巖樹究難蘇病影村雞兀自帶哀聲

凋殘似此伊誰咎。一百餘年未見兵。

霑益道中

老閱關河馬首前。馬前空憶舊雲煙。難封世惜將軍廣。游俠文傳太史遷。萬里辭家無內顧。一身許國正中年。道州詩與潮州筆。都是先生紀事篇。

茅口

亂餘景象尚郊坰。無數奇峰繞屋青。地入蠻荒冬有瘴。雲迷古驛夜無星。炊煙漸起人新復。行路雖難我舊經。痛定終須長念痛。邦君何策慰凋零。

途次感事

可憐未了胷中事。一入荒園不復還。白髮何能忘綠綺。

黃金難與鑄紅顏。魂埋落葉空山外。人在梅花夜月間
啼盡乳鶯飛盡燕。清齋我似太常閒

蘆荻哨旅舍枕上見月

半牀霜魄抱清眠。擁被愁生臘月天。兩地雲開同一白。
此宵圓過又明年。夢迷龍塞迢迢路。涼入星河淡淡煙。
待得雞鳴仍走馬。分將餘彩上征鞭。

黔中雜詩

未礙楊郎畫獨工。一時才望不相蒙。清流去已憐何進。
長笛今猶怨馬融。赤手孤擎臣力竭。隔江遲飲燕巢空。
黎平未必如天上。忠佞千秋蹟不同。

小坐飛雲巖積雪連山賦此題壁

記向巖前六度遊。雲來雲去兩悠悠。非因出岫才青眼
到得爲霖已白頭。塵路我曾經岳瀆。蠻天此亦費雕鎪
倚闌心似寒潭水。閒聽松聲墮雪幽

鎮遠朱氏水樓題贈主人

飛橋百丈跨長空。帶楚襟滇氣象雄。兩岸人煙山色裏
一樓燈火水聲中。天於此處開雲路。我亦頻來作寓公
料理難忘東道主。眼看蘭玉日葱葱

急峽

急峽操舟馬莫追。乘流仍放好風吹。一痕天許從容見
三面山多轉側隨。潑雪灘聲驚枕席。壓船石氣冷鬚眉
忙中歲月閒中過。吟得詩成更寄誰

浦市

新築重城壓鷺汀。飛樓切漢影亭亭。遠天似霧黏帆白。春水如苔貼舵青。地扼辰沅開聚落。貨居油鐵擅奇零。輕舟我亦隨人繫。夜火連檣密綴星。

戲題岸上舟屋

白浪如山奈此何。居然江上有行窩。秋風拍岸牢牽纜。春雨浮家省荷蓑。自蔽無須借泥水。相逢原不隔煙波。生涯莫向張融說。坐聽前灘欵乃歌。

武陵雜詩

湖分南北仗中權。旌節軍門跡已遷。孤艇白搖春夜月。暖風黃入菜花天。羣山映郭參差翠。列肆臨江遠近連。

形勢西南推第一。莫教容易廢戈鋋。

十四夜湖口野泊

冷飯洲東成野泊。遙聞鉦鼓鬧前川。遠天浮水欲千里。明月與人同一船。塵世相思眞幸爾。湖山入望總依然。蒼茫莫道無依傍。中夜推篷對斗躔。

數日來和軒詩興頗高舟泊石頭關賦柬

一江荆鄂望中分。寒氣才消日漸曛。船蹴水聲聽是雨。風吹雪氣看成雲。天於遠處山難畫。波到暄時鷺可羣。好景滿前吟不盡。拈鬚搖筆太殷殷。

大梁雜詩

蔓草驚沙古戰場。平臨四塞有中央。山横嵩嶽千重翠。

河接崑崙萬里黄。授簡幾人工賦詠。驅車此日入蒼茫
金梁橋畔溶溶月。挑罷殘燈白似霜。

源鐵崖乃故榆良守本達天先生之嗣以詩示我
作此酬之

握手城南尺五天。從龍七葉富英賢。心灰畏路羊腸後。
身寄期門豹尾邊。廉吏可爲人欲殺。清名難得世爭憐。
負薪茹蘗尋常事。歷盡冰霜骨始堅。

送朱四笏山分試四川

不唊紅綾且莫哀。一鞭蹀躞出金臺。重謀詩酒知何日。
大有江山稱此才。繞郭花光明似錦。沿溪竹色淨於苔。
石經堂後圖賢聖。試訪文翁治績來。

楊花塗次作

又牽離恨到今年。拂草縈花夕照天。過眼終難消瑣碎。惹空徒自感纏綿。飛從古路疑堆雪。攪入東風欲化煙。萍跡邇來吾已定。看他漂泊轉生憐。

篔園奉使之淮作此爲別兼示鳳池

江城送客霧初消。永夕何能更永朝。雙槳輕搖洞庭月。孤帆直壓廣陵潮。棲遲雲水賓兼主。俯仰琴書梓伴喬。賢郎隨侍歸路若逢梅放日。一罇賞雪更相邀。

答嚴茗癡

才人誰不負癡情。情到眞癡感易生。學有三餘千古重。家無八口一身輕。繡江花繞紅裙醉。紫塞霜催白雁橫。

豪俠風流俱已矣。吟成多是斷腸聲。

乙丑夏五喜芷汀由楚來署賦柬

紛紛聚散本無憑。每到歡場感易增。秋雨短鐙滇嶠酒。已未秋招游羅漢壁孤舟晴雪鹿門燈。壬戌秋晤於襄陽半生出處因循誤。萬里關河跋涉能。但願天留雙老眼。看他雲滅復雲興。

夏夜

窗虛夏亦寒。四壁蟲吟切。中酒略成眠。夢回疏雨歇。

大山凹

一徑入蘿陰。炊煙半明滅。蕭蕭斑竹枝。臨風墮殘雪。

舟中即目

斜日送歸帆。江樹層層綠。白鳥不避人。飛向船頭宿。

題周石苦秋江曉夢圖

雲來江樹青。月落江天白。飛鴻時一聲。驚起舟中客。

別意

握手尊前無一辭。相逢何地復何期。董公菴外風兼雨。不許離人立少時。

渡濼河

怱怱頓別此清波。下馬相看奈若何。我自還鄉君赴海。較程我更比君多。

麗江道中

九河關外瀟瀟雨。鐵甲山前漠漠雲。五十里中人跡少。

馬頭秋雁自成羣。

夢覺莊

半年無字出京華。夜夜相思燭易斜。夢醒才知成異物。北風吹雪打窗紗。

錢廷琛字鍾崑昆明人乾隆甲午舉人官南路同知有玉山詩鈔

京邸臥病

貧病無長策。憂來萬緒紛。浮生垂葉露。世態出溪雲。寒火終朝撥。風濤永夜聞。微名猶未得。何以張吾軍。

與涿鹿郭氏諸昆仲話別

暫與歡良晤。移筵小墅東。碁聲敲落葉。詩思趁飛鴻。今夕芳樽酒。明晨野店風。勿須滋別感。記取杏花紅。

次湘河暮雨留宿

丫崖懸鳥道。湍水上漁舟。寺晚人初到。亭空雨易秋。野雲眠夜峽。客思滿江樓。安得如蘭谷。紗窗宿斗牛。

悼亡

聊聚須臾成死別。何堪回首數生離。音塵七載相思曲。花柳三春薄命詞。蟾窟大歸仙夢覺。綺窗寂坐曉鐘遲。如憐華表飛來日。重向人間說少時。

慰悼亡

惆悵西風空淚沱。勸君聊作鼓盆歌。望夫石冷蒼苔滿。思子臺荒暮草多。華表鶴歸空故國。槐安夢釋笑南柯。殷勤且醉壺天裏。莫問人間壽幾何。

旅情

夕陽漠漠草萋萋。萬里家山望欲迷。最是旅人蕭瑟候。柳陰歷亂鷓鴣啼。

簡以仁 字歸漁昆明人乾隆甲午舉人官建陽縣知縣

西壁訪段翁留宿村舍

留客多清興。湖山酒一杯。杖隨雲外立。櫓向月中回。窗竹螢穿去。高松鶴宿來。龐公棲隱處。有夢亦悠哉。

傅嶷 建水人號穆堂乾隆甲午副貢

春暮

芳樹濃陰一徑斜。翩翩蝴蝶過鄰家。早知春色無多子。羯鼓休催檻外花。

谷際岐字鳳來號西阿趙州人乾隆乙未進士由檢討官至禮科給事中有龍華山人詩

灩澦堆行以蘇東坡賦云凡覆舟者皆歸咎於此石以余觀之蓋有功於斯人者江夔橫放大野而峽之大小曾不及其十一苟先無以齟齬於其間則奔騰迸快盡注於瞿唐之口其險悍可畏當不止於今又云忽峽口之逼仄納萬頃於一杯方其未知有峽也而戰乎灩澦之下盡力以與石鬬勃乎若萬騎之西來忽孤城之當道城堅而不可取矢盡劍折廼邐循城而東下於是入峽安行而不敢怒云云余作此詩辨之

大江浩蕩來峩岷。輕舟利涉無涯津。夔門灩澦一石立。年年翻覆長相巡。昔賢作賦異其說。轉言有益於斯人。云水到此仄且隘。石爲齟齬乃柔馴。不知水勢不畏仄。畏以激搏遭沈淪。蜀江西來四千里。皆緣灘石成邅迍。箭流而東至峽口。正同風火隨車輪。張舒兩翼徐徐下。

勢雖猛鷙情和淳。千里一日正快利。正路何取生榛榛。若以孤城當萬騎。是猶火烈還添薪。枉山過顙不能禦。牛使其族爲游鱗。戰勝先巳自取覆。況戰不勝徒艱辛。惟靜可愛無事福。事大猶貴恭而恂。今言有石險尙少。設無此石翻沈湮。思平水勢先撼岳。欲重人命逾輕塵。入峽若果不敢怒。新洩險覆將何因。新灘洩灘蜀江極險俱在峽中齟齬之說更長傲。詎僅曲護非其眞。江固未曾折劍矢。石亦本末輕喧嗔。祇緣實逼勢處此。無地退守全吾仁。象馬沈溺自惻惻。戒彼上下猶諄諄。杜詩如馬戒舟航惟險故當戒也若論功績石則有據。彼津要雄千鈞。禹昔治水舟過此。歎其險絕憑無垠。因時江神有勞績。賜爲窟宅如城闉。至今此堆萬丈下。夔龍三足潛靈神。風雨時時一吟嘯。天吳河北皆藏身。且有勅命令巡緝。無使鬼怪張牙唇。惟其所處至不易。是以憑借權惟均。自兹全江賴鎖鑰。南條眾派皆遵循。乃知此石本天造。別有功德須詳伸。所喜河清海復晏。長與　盛世稱波臣。

何蘭士侍御以摹耕煙子雲溪漁隱畫扇見贈賦謝

作畫幾人能畫扇。山川萬里傳南朝。南史蕭賁事雲溪漁隱更妙絕。摹成遺贈如冰綃。江天一碧杳無際。空濛恍見三山椒。蓼花紅徧新柳綠。清流潑潑金鱗跳。一竿煙雨景百變。神妙盡入丹青描。我不能畫畫在手。且喜一扇濤風搖。是雲是水宵莫辨。恍惚日出輕煙消。滄波栗粒不知小。青蓑長自乘虛寥。感君此意我神往。秋濤初冷秋風飄。扁舟未知何日艤。釣臺雲樹空蕭騷。

小雨

點點飛濤曉。濛濛帶薄陰。細難黏蝶粉。暖欲透花心。未斷夕陽色。空迷芳樹林。不知原上草。青翠幾重深。

晚步

四面青山繞。千村霽色鋪。天容秋水澹。人跡野雲孤。石徑行逾遠。煙林望欲無。此身摩詰似。好爲寫新圖。

夜坐

淨宇鐘初息。深宵人獨凭。蟲聲蘿徑月。花影竹窗燈。象總歸眞實。禪休問上乘。此間有覺處。端不藉金繩。

霜降夜小雨

寒霜晨已降。小雨夕還并。冷入宵燈影。疏兼落葉聲。寒窗聽漸細。曲沼覺微盈。料得東籬菊。明朝洗更清。

晚眺

秋原無限景。一望一蒼茫。落日數峰紫。微霜千葉黃。歸樵看漸杳。村杵聽方長。尚有難招鶴。雲間獨自翔。

田家

風味田家好。村村稻熟初。暖斟桑葚酒。肥煑穀花魚。門巷行相似。親朋樂自如。吾歸何日遂。深愧野人居。

山中訪友留宿

子眞棲隱處。高躅尚堪尋。黃葉一家住。青溪幾曲深。野花春釀酒。流水夜彈琴。何日買山就。相隨結素心。

初冬

招提冬景肅。萬象正森羅。木落山全出。潭寒水不波。小窗花影澹。古鼎篆煙和。清興何從發。高聽半夜歌。

晚

林臥原非避世譁。自然幽事在山家。滿衣綠霧秋栽竹。一帚清香暮掃花。散步祇宜陪五老。觀書何待問三車。悠悠羣動都安息。清夢隨時到碧霞。

題許山人壁

山光水色淨皚皚。茅屋人家絕點埃。石上寒泉落秋澗。

松間白日照蒼苔偶逢洞口漂花出不見雲中採藥迴
此去仙源難再返題詩聊記足音來

鐵柱廟

建極（蒙氏僞號）刻何年竟紀功兼幷六詔獨稱雄貢金不入
周王鼎作柱空羞漢將銅村社微茫秋水外香煙淒冷
夕陽中祇今鬼伯應含愧猶自祈禳媚叟童

曉行望嵩山

入望居然聳太清火維司柄獨崢嶸地居平野千山盡
天到中原一柱擎華蓋仙靈都縹緲紫庭宮闕最分明
不須默禱求登陟陰翳全消日正生

夔府竹枝詞

千層萬疊翠屏張。無數青峰對夕陽。一自山名廚乔後。山前草木盡芬芳。

四圍山氣各因時。莫道炎多冷更遲。火燗山前冬月好。風箱峽口暑天宜。

瞿唐灩澦石參差。灘水倒流行轉遲。不信年光去如水。東流還有向西時。蜀江險灘水激倒行舟人謂之西流

估客風波去不還。空船小婦損紅顏。郎心冷似峽門月。妾意牢如鐵鎖關。

孫炳文號菊畦太和人乾隆丁酉舉人官南宮縣知縣有話雨編據鞍吟

游太華山

碧雞關。松雲護。太華山。插煙霧。春風二月花亂飛。挈榼

人從花裏度。有客乘興欲游山。扶筇招我同散步。宛轉謫仙橋。一線莎溪路。登山不見山。入樹復出樹。石氣冷人衣。披蘚爲小佳。中峰不能上。神駿欲脫鞅。秀削何如玉井蓮。離奇要比仙人掌。滿巖皴骨愁飢鷹。我僕枕藉逢山僧。鳥道盤空窅不見。雞園如畫攜同登。沐家啓雲仍。祠宇最上層。當時謂與此山不摧崩。焉知三百載。濠梁龍種同邱陵。西平碑碣渺何處。亦如梁王故冢悲崚嶒。海月堂月蟾滿。鬒鏡軒。鏡花散。百端最易集蒼茫。一瞬可能游汗漫。君不見拓東城外青草湖。漁舟欸乃招羣鳬。寺鐘鳴矣日既晡。短帆早挂城西隅。高陽接䍦永嘉屐。山靈那笑探山癖。我輩多情許看山。山光海色兩眼碧。

尹振麟號竹陀通海人乾隆丁酉舉人官淳化縣知縣

不如歸去

天津橋邊子規鳥。聲聲不如歸去好。禽鳥常得氣之先。南北地氣知何早。結巢餋子百鳥依。口中啼血啼不了。何曾勸得一人歸。勸君花枝莫懸倒。我似山僧已入定。如聞不聞山月曉。

滇詩嗣音集 三

滇詩嗣音集卷六

呈貢戴淳古村定　　昆明黃琮象坤輯

袁文揆字時亮號蘇亭保山人乾隆丁酉拔貢官雲南縣教諭有時畬堂稿滇南文略滇南詩略

扶蘇祠

我來茲山椒。見祠秦太子。於民何功德。而享祀若此。申生得謚共。許負罪載史。存此千百歲。教孝而已矣。

九隆山謁墓作

九隆山巍巍。中有冢纍纍。哀生見邱壠。拜掃恆在茲。我行別墳墓。十載負一巵。今又隔三載。乃來捫蘚碑。父生母畜我。祭養胡交虧。下有同衾人。溝壑塡先期。顧我仍四出。歧途兼素絲。心痛氣已結。含酸不勝悲。我罪眞伊何逝者將安追。痛深語難畢。白日沈崦嵫。狐狸上冢嘯。陰風嗚子規。明冥竟異路。骨肉空爾爲。歸向燈下坐。眶溼神已疲。兒女繞膝問。略言薦明粢。汝今父母我。我父母何之。

游虛凝菴過湧泉寺訪王隨齋孝廉

入山如入道。一步一著相。得意無復言。松濤自蕩瀁。隔澗泉亂飛。翻疑春雨漲。緣溪谷亦轉。草色浸屏幛。捫蘿徐度橋。影落蒼苔上。徑欲尋王子。歌嘯日相傍。弛擔覓村酒。醉看杏花放。

擬從軍行

烽火警遠塞。干羽不盡格。大將任專征。壯士起挾策。雖非不羈才。負氣自夙昔。希韝謁軍門。名編甲士籍。尚未見主將。大小戰已百。誓虜豪酋歸。搴旗等一擲。計功賞弗及。裹創血殷殷。顧彼紈袴兒。腰金衣紫赫。終恥效牛鼎。第願逐馬革。

從軍亦多年。深知虜計狡。誘我常以羸。愛撫慾難飽。恃其貙生罷。潛結猺與獠。有時夜斫營。驚砂趁風擾。軍中飲正樂。翻疑星食昴。雜沓備鞍馬。倉皇呼牙爪。身賤王事重。挽強矢再扣。射其雁子都。賊引去稍稍。

竹帛心事違。盛年日已非。昨夜得家書。問訊何時歸。存亡各不保。骨肉生乖離。心肝正斷絕。帳下傳戎機。五更結束畢。往解孤城圍。霜華白滿野。敢云怯單衣。遺骼路

傍藉征人相顧欷欷歔亦何益無勇辱庭幃努力事征戰同聲歌采薇

初秋邀師荔扉錢芷汀張小東呂竹瀾萬香海泛舟游太華山

杖策晨登峯各自思濟勝捫蘿度林巒喘汗息危磴倏而煙雲飛勢與風雨競海立天倒垂山鳴谷亂應泠翠連崖傾寒光挾潮上（叶）墨戲恐未然海賦亦難稱有如蚩尤霧排空陣無定有如昆陽壘酣戰聲彌勁不然鴻荒初渾淪元氣盛諸君壁上觀嘖嘖轉相詗不知佇足外此地可還賸翹首尺五天隱露翠微徑努力共穿雲高處發嘯詠

傑閣聳層霄。壓巖高羅列。奇石拜不暇。何必具袍笏。碎踏蒼苔痕。傴僂探巖穴。（至朱家洞）溼翠護雲根。霽色透林樾。下臨無際崖。蒼茫水天闊。寥廓三州邑。隱隱辨毫髮。迷離五華山。斷虹映城闕。樹裏見風帆。波間自出沒。置身儻在船。遙望茲山岊。究竟何處佳。可稱山水窟。安得逐雲飛。隨時補其缺。

登陟始忘疲。斜日已照耀。緩步得小閣。觴詠兼諧笑。怪昔謝東山。不使子弟覺。（余與芷汀香海皆攜子）豈知哀樂情。葯視人懷抱。我慣攜壺觴。所苦少同調。茲游信造適。諸君皆超妙。況是別離多。幾回共清眺。有酒若不飲。得勿攢峰誚。樹密山易昏。鐘遲更初報。漁火雜螢流。嶺猿伴鵰叫。

天風海上來。煙霧猶籠罩。可惜此良夜。而無明月到。顧寫昆華圖。他日理故棹。同人屬芷汀繪圖

謁蘭止菴先生祠墓同倪竹泉

我愛蘭止菴。終身尚其志。著書見元要。養氣底絕粹。非無匡世才。而爲明主棄。亦升孔氏堂。而得老子意。生居嵩秀湖。死葬石羊隧。滇宇時初啟。斯人信非易。嗟彼不學徒。躍躍輕自試。一朝竊厚祿。誤人家國事。使對蘭先生。能勿沮且愧。我偕竹泉子。徧訪藏書地。落日拜祠墓。明水欣神嗜。上下五百年。望古共遙企。大雅不復作。藥靈聲寒翠。

自鎮遠至沅州舟中

山行多彳亍。舟行更牽絆。言尋武陵溪。甫至芷江畔。舟大僅同盎。水淺纔沒骭。怪石欺失勢。犖峭聳危灘。巨或如柱砥。細亦類星散。有時矜磊砢。有時恣慓悍。驚濤偶一鳴。迅雷震兩岸。宛然潮湧壁。竟是湯拂爨。舟從石罅穿。人在楞頭喚。人聲與水聲。灘灘競淩亂。長此破浪行。吾將江神祼。頗怪石尤風。橫截山雲斷。大雨不時行。洪爐任熾炭。潕溪已將涸。芷香空寄玩。可憐操舟人。停橈喘流汗。出窨資衆擎。迴湍恃險捍。長篙紛攪挐。絙槳互推按。臥起凥過頂。叫噪背裂肝。就深故有道。共濟非誕謾。石亦不能爭。甘讓與滮澌。濡沫究何益。揭厲還自判。搔首望楚山。楚山多黯淡。載詠中谷蓷。浩歌復三歎。

清浪灘

昨過清浪灘。輕舠快且便。灘勢亦林立。灘頂纔露面。食頃即出險。曾無少驚眩。憶昔經過時。水涸灘盡見。仰觀齒列戟。平視紛挂練。砉然一聲鳴。千巖掣駭電。亂篙左右插。孤篷上下穿。直合衆灘石。競與一水戰。激浪時壓篷。滿船雪花片。一瀉輒數里。洶湧逾急箭。前船如已失。後船復不見。須臾白浪中。浮出雙飛燕。始知篙師尊。頓覺身命賤。徐看兩岸山。依然森峭蒨。舉酒相慶賀。持杯肉猶顫。今昔情形殊。得毋雲譎變。履安不忘危。吾以自諷勸。

舟中望彭澤縣

一城跨數峯數峯環一縣平麓當其門大江環其面檐宇隱參差竹樹鬱蔥蒨若使遂幽棲日看江雲變較趨軟紅塵風景亦云善緬昔陶元亮仁風於此扇羲皇以上人豈甘役貧賤縱無督郵來五斗何可戀一旦賦歸去在官等流電朝登彭澤舟暮餐栗里饌因之思古人去就毋輕便如我挂冠歸陸程動逾萬關山本難越雨雪飽嘗徧今此復何求奔波老無倦載詠先生詩千載生企羨籬菊將開花釃酒臨江奠

青浦謁王蘭泉先生

拜別十九載一朝竟登堂鞠跽請起居心喜壽而康公問何從來兼詢及家常許我滇詩輯墜緒爲不亡再言

兩游滇感慨生激昂小子一一對對罷語轉長自愧屢垂翅忝列數仞牆回首登龍初惄焉徒感傷烽火照銅壁永昌警刁斗先生偕光祿（謂趙璞函先生）書劍從軍久飲至主予家歲月俱在丑我時甫弱冠與臺（謂從子臺）頌薪標袖出試策文請業諸兄後（謂從兄文康胞兄文典）駑鈍勞策勵期許意良厚無何師西征公與去奏獲醜　天子嘉乃績蕭朱遞結綬及我登燕臺蹭蹬赴隴右幾番拜馬前顧復恃慈母荏苒卅五年別離十八九悉數當時人光祿已不朽我家從兄姪相繼正邱首存者惟伯兄老臥九隆牖契闊又九年不能一執手因人百無成江湖莽奔走踏徧雲中雲高風得五柳

綠野堂固高卻緣晉公尊今過九峰下黃花香晚村歸然曾靈光不啻衆妙門階除列玉樹圖史盈庭軒白雲與明月出入無籬樊故人亦時至風雨開芳樽我無問字酒日飲先生醇先生顧之笑倚杖趣衆賓謂朋遠來樂贈金復贈言比似依日下飛觴情更親

玉柳村招同諸公游金山經宿柳村笈圖未至遂偕楊雲津譚朗谷僧巨海放棹焦山

晨興見朝曦曠懷欣有託買舟邗江岸早赴柳村約一棹趨瓜洲清虛泛寥廓山色過江來無數蓮花鍔影落楓林中紅翠相間錯昨日風雪消波恬浪不作指顧泊金山縱目西來閣

青山銜落日。霞綺散江樹。籬落翠微間。家家近仙路。倒景尤鮮新。奔濤捲不去。風檣競東下。棹謳起薄暮。怪石生江心。隱露郭璞墓。回瞻妙高臺。金碧入煙霧。之子不見來。徘徊西津渡。

夜半思東升。披衣聽雞叫。推窗瞰一望。明星挾潮到。江湧峰愈高。海日遲寂照。彈指樓臺現。催放江北棹。萬派洶湧中。共上焦山眺。躡雲竟登巔。天風莽料峭。四顧無成連。振衣發長嘯。羣鳥號山林。漁翁正垂釣。

久客望江四月二十九日為伯兄儀雅七十有九

攬揆之辰述懷

薰風動鳴蟬。四序一以轉。如何得歸人。猶未踰漢沔。日

送皖江雲。飛去還絕巘。此山與隆山。蹊逕同奧衍。胡我
不似雲隨意自舒卷。一別輒十年。幾番夢踏蘚陟罔念
老兄頻年勞望遠。自我再出門傷離罷郊餞。我會訂早
歸。有約訖未踐。去年忽東行。兄書切慰勉。不惜耄將及。
苐期事早蔵。今値懸弧辰。我弗與洗腆。情殊越鳥巢。目
駭吳牛喘。翹首瀾滄西。能勿淚雙眩。
近家怕寄書。遠書寄非易。卽使有黃耳。臨楮心已碎。深
恐緘去愁。徒多亂人意。所以每報白。十苐言三四。靜念
兄平生。一舉能養志。家徒四壁立。艱辛潔修瀡。傷心癸
未後。雙親養遽棄。鞠凶自天降。外侮亦幷至。食指二百
餘。嗷嗷待飲食。我時十餘齡。安能共襄事。兄惟一肩擔。

神傷貌亦頓踰時師征緬。四野屯萬騎。書劍難從軍。珠桂適滋累。我欲急謀生。兄更憐弟穉。教誨復十年。家聲藉免墜。尤幸同乞身。慈幃遂歡侍。所嗟嫂與婦。溝壑先埋骴。婺星又旋沈。終天恨永積。死者不復生。生者難縮地。悠悠此江水。多是別離淚。

古人悵終鮮。我生多同懷。每念逝者半。悲戚從中來。底事兩兄弟。華髮猶睽乖。一姊近結鄰。情話聊追陪。兄今七十九。姊齡亦漸頹。及茲介眉辰。賴姊獻壽杯。更念雙親在。壽筵同日開。先君子誕於丙寅閏四月二十八先孺慈誕於乙丑四月二十八我隨兄及姊。長跪酌尊罍。拜罷再酌酒。祝兄福孔皆。子弟連內外。羅到當庭階。歲月如奔流。浪游慙不才。遥知我兄姊眼穿天之涯。
人生非鹿豕長聚原所難。情親若手足。當不如是觀。少
小爭棃栗長大同悲歡。一自婚嫁後。離合感多端。離旣
不獲已合亦無常安。繭絲總自縛令人增慨歎。慨歎靡
有窮。行行歸故山。兄授伏生經。弟歌常棣篇。黜陟了不
聞。寵辱皆無關。有山如不歸。同此江中湍。試看隨陽雁。
秋來春必還。五更方晉祝。相望常加餐。

奉酬荔扉送別

久別心鬱鬱。旣見復愁別。小住五旬餘。有情難罄說。江
上多悲風。玉笛催人發。豈不欲長聚。執手心轉結。以君
惜別詩。知我寸腸裂。比似未來時。相望尤淒切。曾記卅

年中。離合已七八。弟願離復合。有如三五月。佇聽君政成。投簪歸林樾。時還攜一尊。共踏點蒼雪

九江阻風雨不得望廬山瀑布

舟過桑落洲。心注石門水。匡君如見招。飛翠迴百里。不知始何年。屏風插天起。天際雙白龍。只在白雲裏。風雨緣底事。捲浪入峭壁。孤艇迷煙波。宿霧挂蘿石。想像銀河影。掬之開心顏。殷勤訂再晤。三笑虎溪間

讀詩偶作

六經大文章。言言寓經濟。一變爲騷賦。諷諭祖詩意。漢京蘇李儔。性情亦深至。遞降追齊梁。新聲日靡麗。有唐三百年。體裁無不備。其後皆揚波。立言重有爲。胡爲輕

薄兒動輒涉游戲般監端在茲慎勿悖六義伐毛而洗髓庶幾助鼓吹

今人不如古詩較古人多風雲月露詞謨訓豈同科舍難趨就易名盛實則訛患在不好名斯語何其頗好極必有爭室中可操戈不見門戶習竟陵攻李何一唱幾百和誰其挽江河所以古志士閉門自詠歌有石生他山相賞在切劘

哭師荔扉

久聞君言歸眼穿望不至一朝捷足來想必由奉使未及問無恙計當在途次豈知隨皖公潛霍去游戲駭極頻究詰魂飛反無淚翻悔信君歸年餘斷緘字歸計既

躑躅胡不一言示慟哭聲頻吞停雲紛雨墜雲水渺萬里寸心曾不隔老至戀友生况期善互責邇來譚經地近君五畝宅若使果歸來應得數晨夕分袂又七年關山渺無極回首別雷池永訣已在昔而我癡復癡寤寐情脈脈

弔周忠武

將軍未遑分旗鼓血戰力窮死甯武煌煌靑史重睢陽先後英聲共萬古始當受命危難日策勵士氣如虓虎所嗟犄角力不繼退據猶堪一面阻舅氏且戮况熊通公舅氏爲賊說降公使人迎斬於元岡又梟別將熊通之爲賊間者以義激人勇堪貫陣雲晝塞尸氣蒸竈火宵沈血沫聚賊實予畏翻予侮恨

殺降書出宣府以十攻一賊必得。或爲賊策曰我衆彼寡第使主客分別以十擊一蔑不勝矣。況議塞門氣中沮。時兵備道王某擐甲薄城命以土塞城門。盡斯舉廝養亦奮鬚髮竪。高皇在天呼不靈。大星隕落妖氛吐。娘子軍中曳白旗。登樓箭尚如飛雨。箭少賊多殪不盡。可憐一炬焦至尸。死忠死義死如歸。魂歸來兮無故主。至今陰雨空山中。旌旆飛揚有餘怒。我尋舊壘空榛莽。寂寞祠壇竄狐鼠。雙冢城北望城南。嘶風石馬孰爲補。吁嗟乎公死於賊賊數服。奈明自喪其師旅。朕非亡國罪諸臣。由來未識狂瀾柱。

過龍窩寺

山形莽莽挾龍走。林聲颯颯作龍吼。咫尺甚畏雷雨迷。

淸磬忽傳回客首。怪石稠疊雲根多。梵林秖合名龍窩。我聞龍職在霖雨。枯僧徒伴閒如何。佛燈如豆樓月滿。山下農田方苦旱。

過中條山下

吾聞天下之脊在上黨。高據冀州跨豫壤。中條又出大行外。插雲屹立爭雄長。下走黃流一衣帶。隔河卑視仙人掌。西嶺飛龍東沒雁。瞻顧欻忽生魍魎。喬樹壘如翠旌。出飛湍激作殷雷響。身在山前不識山。爲問僕夫亦惝恍。豈不畏險更登陟。要從塵外愜幽賞。一別家山萬餘里。不成歸計空神往。耐辱居士儻猶存。直扣雲關披霧幌。

丁未蘭州偶檢舊稿悵然有作

三十不官亦不娶。李頎句 歲歲題詩燕趙路年又益五博一官。路入秦中如訪故。辛丑歲余曾游秦 更歷咸陽走隴阪隴首晨登寡歡趣。閒情少與筆墨親。壯顏多爲風沙妒。幡然欲唱從軍曲。月窟崑崙西驕步。邊關月黑一雁響。大漠風高羣馬怒。弓聲霹靂隋總管旗影虹蜺漢都護。壯士早傳青海箭。幽閨不怨黃雲戍。誰知選壯無能與。支離形骸徒自誤。踏徧秦州與同谷。飄零杜老欲誰訴。詩卷長囓如有益。隴西試看長吉墓不如扶犁踏春雨歸向家山深處住。

得謝省堂前輩書言陶村先生乞養歸感賦

我從滇南走薊北。羈栖七載傷孤特。又從薊北宦隴右。秖有宵夢還鄉國。鄉國音書遠未通。瀘源隴水西復東。家兄官廣西廣文今日忽覺動顏色。深煩河鯉天邊鴻。我兄辭祿遄歸里。堂前奉母親甘旨。瞻望兄兮一悵然。夙志初酬行老矣。一載春風苜蓿花。萊衣不作錦衣誇。故知歸侍堂之北。猶恐遠懷天一涯。天涯敢被微官戀。雲白山青目久眩。前路何殊春夢遥。故畦待乞秋風便。深悔當年事遠游。堂堂白日付東流。愧他聞賦東征者。尙說新涼便買舟。省堂來書言欲奉母歸里

贈別蒙自大尹尤二娛歸長洲

書不可以療飢。官不可以爲家。讀萬卷書。爲五斗米。作

七品官。請璽紼璽天之涯。男兒自命詎如此況是病骨支離老歲華。歲華不可駐。君亦辭官去。人爲令尹愛修名。我識先生饒襟度。昨者君從畇町來。披襟還上讀書臺。相逢向我索詩稿。丹鉛甲乙加翦裁。語語金針字字鏡。樽酒論交深性命。謂余兄弟至情多。更出新詩互印證。眾星錯落盡珠玉。風致翩翩絕塵俗。華山昆浦阻登臨。蘩驪聊復寫心曲。我聞事業貴可久。肯使迂疏得藉口。知君春花種半城。惜君垂楊生左肘。顯親要拄慰親心。善樂那求不龜手。二娛二娛歸與歸與誠不可以踟躕。此去調琴養鶴。賡陔蘭補華萼。游夢墨之花塢。坐擊鉢之蓮幕。比較手版隨人少束縛。只我離懷愁寂寞我將訪君於短簿祠邊。共君飽讀乃公西堂雜組飢亦樂。

老鷹巖

鳳凰不至鴟鴞惡。天放老鷹出林薄。怫然一怒摩青霄。壁立萬仞氣磅礴。烏啼啞啞雞既鳴。一聞老鷹齊震驚。鷹固不飢亦不飽。長伴雲根對落星。雲亦可挐星可摘。不聞鷹可叱成石。坐使三竹萬古間。日嗟來往遠行客。爾鷹爾鷹早脫韝。愼毋窘我萬騄驪。石不能言鷹垂翅。山雨淅瀝風颼颼。

大觀亭望江歌

大江不捲客愁去。還結愁雲冒江樹。我欲吸江滌愁心。獨上江亭且四顧。天門讓進海潮來。小姑眉痕鬱不開一拳莫挽九江水。翠黛紛紛落鏡臺。江流到此與山狎。一任巖巒疊摧壓。仍送征帆日往還。那有西流水入峽。我欲更拍皖公肩。振衣一嘯拂雲煙。不然再陟峩眉嶺。不然直造崑崙巔。濯足長江之發源。肯教一水牽愁千。江風颯颯起林莽。後人不來前人往。徙倚空亭送夕陽。擣愁歸舟待月上。

登晴川閣望黃鶴樓

大别蹲伏讓晴川。黃鶴翩躚不可攀。兩山鎖江江怒走。中有雲氣時往還。我欲淩雲跨黃鶴。日日縱飲樓閣間。天風吹我過漢浦。閣上風月誰客主。更上一層目未窮。第見鳳凰調鸚鵡。黃鵠幾時化作磯。荒洲浪打漁陽鼓。

因憶阿瞞圖霸跡。一夜東風走赤壁。若使正平尚生存。一罵尤足褫奸魄。才到能狂方是眞。陳琳王粲何足論。不見南樓玩月者。西風一起塵汚人。我弔遺蹤空四顧。芳草牽愁況雲樹。幡然手持金叵羅。高呼仙人騎鶴過。歆我杯中之美酒。和我醉後之狂歌。歌罷起舞吁明月。我與仙人朝玉闕。

月夜泛舟過洞庭

湖天無雲夜氣淸。月光入水鋪湖平。不知畔岸渺何許。刀容一葉淩風輕。初時猶辨水月色。漸漸惟見天空靑。似是渾沌未分際。上下一氣浮滄溟。回顧君山無一髮。得毋飄墮岳陽城。隱隱仙樂鏗鏘鳴。金支翠旗紛相迎。

湘妃果乘雲車出。應共嫦娥朝玉京。須臾天風變迅霆。白波起立銀漢傾。狎弄紫鳳舞錦鯨。老蚌失珠鼉誤更。月色沆沆喝不轉。木葉亂下森秋聲。翹首蒼梧叫虞舜早催羲馭輝窈冥。更望祖龍起鞭石驅盡黔山塡洞庭。長使往來人過此。跋涉無憂心不驚。吁嗟乎世上風波多自平地起。似此風波有時停。縱敎三湘斷絕五溪塞。其如瞿唐灔澦又從人心生。勸君履平地一如觸浪行。試看湖東日杲杲。曾照投硯人揚舲。

飛雲巖觀瀑布

黃姑急迴鵲橋馭。遺下七襄影流素。絡緯啼深金井寒。倒瀉蒼崖挂瀑布。鳴湍一壑喧鼓鐘。濺雨高柯失鷗鷺雲深雲淺雲盡溼。迴異燭龍煦煙樹。幻影欲化金銀臺。
慈航亦迷芙蓉渡。忽見雲飛冒林藪。白龍銜銜挾將走。
從此煙霞歸洞天。那有桃花出溪口。我今眞欲掃浮雲。
笑向精藍拖一帚。入林便生枕流心。登峯再展挐雲手。
看到水流花開時。日臥雲根澆濁酒。只恐天孫捲支機。
秋盡不堪重回首。不然試數題壁人。多少白衣變蒼狗。

牟珠洞

我生勞勞苦形役。思脫塵網宅仙宅。不必五城十二樓。
小小洞壑同造適。霧爲戶兮雲爲關。松風蘿月水石寰。
琴棊丹竈藥爐具。朮可爲餌霞可餐。道人時乘白鶴下。
一聲鐵笛來羣仙。我往從之跨白鹿。瑤池一醉三千年。

夢游此境渺何所。髣髴記之口難語。揭來兩過甕城橋。
煙雨迷離鎖洞府。沙彌執炬前導行。初入甕牖後呰窊。
蓮花青映玉琅玕。瓔珞倒垂優曇吐。鐘魚瓶鉢環幢燈。
中伏獅象外龍虎。設色不緣象教力。鑿幽得毋煩鬼斧。
曾聞佛言諸有空。現此化城亦何庸。舍利放光誰曾見。
牟珠名洞愚癡聾。我欲得珠貴記事。好與仙人共游戲。
佛耶仙耶兩渺茫。此石焉保不破碎。翠微催送山雨來。
早向前村去買醉。

雨中度老鷹巖

老鷹作勢騰青霄。我目注之三暮朝。今晨驅馬度巖下。
膺潛摩雲雲亂飄。萬樹陰森落秋雨。雨中不見鷹軒舉。

側腦瞪目窺行人。瘦馬盤怯如遇虎。蟲聲四起叫淒苦。
馬入雲中學人語。似訴平生精力竭。垂老慎須防傾跌。
馬上郎君猶未知。鞭馬踏雲出林樾。

國士橋

不與澌然盡。當年國士風。長橋留自昔。流水去何窮。齊
客身隨烏。荆卿氣貫虹。由來知己報。未許眾人同。

冬夜聞雁

流響過檐端。霜嚴雁叫寒。也應驚歲晚。何處託身安。小
閣燈方灺。孤城柝已殘。幾時將遠信。寄與故園看。

段太尉故里

我死豈從賊。吾來已戴頭。片言存正氣。倒印盡忠謀。此

日尋遺廟悲風滿故邱鳥啼花落處過客迥含愁

哭邵峯作山兩兄

兄弟天涯老生離已暗傷如何成永訣猶自說相望淚盡聲難吐魂銷夢不長可憐含飯日蓬鬢有高堂

老眼無窮淚當時更望燕家書方到日抔土已經年況復成羈宦空勞叫遠天誰能同此慘隴樹盡啼鵑

武都道中

欲歸歸竟遂一路好看山水瀉青年峽雲封白馬關戍樓殘角盡麥隴老農閒時有臨江宅桃花三兩灣

哭錢南園侍御

天末悲風起雲隨黑水沈那堪驚折棟無復望爲霖聰

影行會逖驪鳴慟不禁。西州門外路。從此夢中尋。

易簀當羇旅。遑憐兒莫依。恨猶餘白簡。魂自戀　彤闈。聞有彈章未上而疾作報　國何恩怨。迴轎動涕欷。謂先生諸同年故舊遥知湘浦上。夜夜現靈旂。

發亦資孔

黔山如野馬。騰踔下牂牁。若與天俱盡。無妨地獨頗。川原隔煙渺。村落入雲多。日暮腥風起。猶疑虎徑過。

江甯即事

獨上臺城望。荒涼遍石頭。煙銷同泰寺。劫換景陽樓。賸有無情柳。添成異代愁。何如十臣廟。對峙壯千秋。登臺城望雞鳴埭明功臣十廟北極閣

庚子初度

墮地今經卅載餘。年年食粟費居諸。秖能聲價齊遼豕。未了因緣繫魯魚。客館常如秋到後。家山每憶浪游初。東西南北無歸止。祿仕何時慰倚閭。

都門送方旭山還毘陵

纔欣舊雨集都城。又向金風送遠行。詩思每因傷別盡。酒樽常爲論文傾。客窗月落千蛩亂。驛路秋高一雁鳴。乃兄在京若過齊門休鼓瑟。知君端不爲蓴羹。

得家兄陶村去秋自昆明來書感懷家兄請終養因事羈遲未歸

萬里剛傳一紙書。闗河寥落莽愁予。緣何咫尺歌將母。

仍似天涯念倚閭。昆海路涼蓮粉墜。隆山秋老桂香疏。知兄漸與庭幃近。莫但高樓望舊廬。

懷薌同年修隅

貧交意氣自聯翩。落拓金臺共幾年。大令筆誰譏餓隸。小坡詩已著斜川。尊人即心餘先生飲餘白墮顏空壯。著敝青袍歲又遷。余出都時修隅猶以需次滯留記得臨歧勤贈策。秖今朔雁到何天。余不能辦裝修隅力爲籌畫

己酉冬蘭州旅次以烏私得請率賦兼以誌別

漫疑猿鶴怨歸難。此日金城亦挂冠。爲有白雲勞遠望。非緣黃綬恥卑官。訟庭楮牘渾忘攫。驛路梅花與耐寒。檢點征衣尋舊線。著來春意滿歸鞍。

徑荒猶有菊松存。入室應聞笑語溫。漫道壯心銷鬢髮。且看老眼認兒孫。余筮仕甘肅瀘源策蹇尋前轍。陶村兄丙午歲先告養歸茅店聞雞趣去轅。豈不倦懷游醼地。春蘿秋桂滿柴門。

竽濫安鄉三載餘。差同禪翁溷居諸。衙當山側常看畫。吏散松間只讀書。僧舍更容瓢挂月。官廚全聽釜生魚。官署圯余寓僧舍祇今一事增深媿。身對流亡賦遂初。

同人招游太華山雨中過鬘鏡軒晚眺

招攜竟躡翠雲隈。極日眞同渡海來。千古風濤生下界。一湖煙雨上高臺。魚龍寂寞宵鐘靜。貙虎縱橫畫角哀。時黔楚軍事未靖滇有威遠夷茲擾莫問梁王沈石處。秋聲已捲暮潮回。

桐汀舟中奉懷陳雲巖先生

昆明湖上亦滄洲。浪裏驚風早報秋。容易垂綸頻對酒。可還有客共登樓。十年花月餘雙淚。萬里江天動四愁。尚指芙蓉紅似舊。漫嫌遲暮對沙鷗。

晚過天心湖

秋色蒼茫接洞庭。搴蘭何處弔湘靈。日沈天際浪全紫。月到天心煙更青。四顧杳無山露影。初更徐趁客揚舲。予生久有江湖興。不待而今讀水經。

滕王閣

每懷高閣已神游。此日江山一望收。天與才人供筆墨。誰言帝子擅風流。簾前雲氣常疑雨。浦上春光幾換秋。

眼底頻看歌舞罷。黃龍青雀總浮鷗。

舟發大孤塘得順風

大孤屹立壓波平。風轉帆檣曙色清。纔見雲端撐塔影。便從山下聽鐘聲。地連吳楚分秦郡。水合江湖下皖城。最喜小姑先入望。午煙霏處棹歌行。

滸墅關夜泊

蘇臺近隔一江煙。夜火喧迎客舫前。心似遠歸將到日。愁如殘臘未新年。聽鐘響絕寒山韻。築室人思樂圃賢。聞道關門難鎖水。好浮清夢過城邊。

抵蘇州

長堤猶見柳毿毿。天入澄波練影涵。兩月水程秋過半。

一城花氣縣分三。夕陽有意添山色。畫舫何時遲夜談。省識金閶門下路。斷腸人已到江南。

登揚州鎮淮樓

鎮淮樓聳蜀岡隈。客到臨流亦費才。檻外濤聲隨雁落。江南山色逐帆來。瓊花空自留遺觀。夜月何曾管劫灰。少小心情成老大。那堪萬里獨登臺。

五人墓

一墳何妨不顧身。爲誰攘臂爲誰瞋。朝張密網翻三案。市吼悲風動五人。得此青山埋碧血。任他白墮送紅輪。千秋嗚咽胥江水。流到東林氣益振。

土人於墓前建屋種花賣酒

鎮江宗忠簡公祠

有志如公事未成。空傳病裏渡河聲。一軍志欲吞驕虜。九死心難捨汴京。堪歎汪黃先誤國。徒教李趙共齊名。魂歸漫說歆禋祀。試看鷩潮總不平。

京口懷楊文襄公

丁卯橋邊築石淙。敢因身退遂迷邦。賡歌一旦迴巡幸。舊恨三邊說受降。贏得名山充錦囊。頻邀舊雨對春缸。天心似忌歸田早。不許先生臥北窗。

再膺將相亮天工。自是君王禮意隆。得罪非專因桂萼。救時端不愧姚崇。光明心跡憎多口。宏奬風流總至公。我是鄉人美鄉水。欲憑浮玉障江東。

銅陵舟中

孤舟日日溯江臯。欲挽滄溟斷六鼇。風順無須嫌水逆。雲低徊不礙帆高。東來萬櫓如趨敵。西望千山盡嘯濤。我本心胷天海闊。此間何處著牢騷。

懷吳芸谷次其送行韻

揮手仍爲萬里行。皖公山下大江横。空存慷慨悲歌意。不盡蒼茫獨立情。折柳湖西春已老。懷人天末雨初生。孤帆更遠過黃鶴。愁聽高樓玉笛聲。

寄懷查丙塘次其送行韻

行蹤又滯冶城西。說到西泠夢欲迷。江勢直吞滄海闊。雨聲亂挾楚雲低。無人共我招黃鶴。有客憐予返碧雞。此去欲尋書壁處。丙塘曾游楚黔至滇界一帆煙水雨輪蹄。

漢陽舟中喜遇歐陽大尹神洲胡學錄春湖

歸舟天際一飄萍。乍喜停橈遇使旌。攜手且傾桑落酒。問津已到漢陽城。連洲芳草含秋色。隔岸梅花咽笛聲。莫漫臨風傷往事。三巴猶有未銷兵。

九日與諸同人雅集龍泉寺次伯兄韻

九秋釀出菊花天。那有澄懷不似淵。流水自縈黃葉外。好山多在夕陽邊。已非今日纔中酒。月到昨宵仍上弦。莫訝藍田期後會。幾人老去共賓筵。

題胡城東畫冊

長淮風送一帆斜。為訪江南隱士家。山意生寒天欲雪。催人返棹看梅花。

滇詩嗣音集卷七

呈貢戴淳古村定　　昆明黃琮象坤輯

王元橋 字國卿號藺畹寶甯人乾隆己亥恩科舉人官嵩嵐州知州

嵩嵐官舍

猶是當年誦讀身。無端宦跡溷風塵。故園迴首八千里。白髮關情五十春。冷月臨窗鴉噪晚。枯崖繞郭虎窺人。歲闌無限荒涼意。又報催科案牘陳。

杜蘅馨 字亦洲昆明人乾隆己亥恩科舉人官福鼎縣知縣

雲濤寺

結構茅亭曲徑通。開樽共愛麥疇風。新添夜雨春波綠。襯遠林花夕照紅。誰得攜歸巖石供。我來坐與野雲同。

而今悔不扶節早。一聽松濤萬慮空。

曾　屺　字蔚峯建水人乾隆己亥　恩科副貢

蘭津

險絕還鄉路。蘭津一水遙。石崖隤兩岸。鐵纜裊長橋。樹影多寒霧。江聲自暮潮。哀猿啼不住。陡覺旅魂銷。

段　琦　字魏擘號可石河陽人乾隆庚子進士官金壇縣知縣有可石小草

醜婦詞

南村有醜婦。晨興勤櫛沐。雖抱貞白心。愧無好面目。十年乃字之。敬愼理羹粥。姑嫜一相見。愁懷先棖觸。恐貽巾饋羞。事事代勞碌。妾心自深感。妾醜恐被逐。醜婦怕見姑。俗言堪往復。焚香祝竈王。願姑精神足。婦醜姑莫嫌姑性妾知熟。

贈孫髯翁詩人

我登兕蛟臺石磴盤春綠。上有古先生。身尺不滿六。髭鬚雪所爲。飛揚興頗逐。忍飢而誦經。古今横使腹。老膽發新詩。詩人不能讀。把易高樓前。掃雲一賣卜。日暮倚長松。僧鐘趣空谷。

漫興

黄葉菊花枝。秋風小案時。書因消病熟。酒爲典衣遲。尚志何曾遂。干人未有詞。弟兄勤抱甕。菜甲又新滋。

芳庭姪癸未北上落第歸詩以慰之

汝去十一月。汝歸十月初。兹行仍爾耳。吾意悵何如。且飲三升酒。新烹二寸魚。無爲傷落寞。眞樂在庭除。

遣興

凍雲猶自滯仙查。籬落蕭疎野客家。卅載吟哦歸醋甕。三年款段伏鹽車。空腰也跨揚州鶴。老壁閒看犄角蝸。獨立蒼茫江水外。好隨煙艇問漁叉。

黑龍潭同錢讀遠汝嘉郭李船樾觀古梅

臺上雙梅二老人。支頤拄杖轉精神。有花竟自霜皮著。是雪纔知玉骨眞。笑插一枝邀客賞時有客到李船代梅延客皆歡笑醉傾千石覺情親。傳來唐代誠仙格。澄月寒潭認舊身。

昆明老友楊文翁湛招同文陶廬泰運楊淺山申元賞牡丹即席賦謝

誰從富貴露天眞。錦簇香熏造化神。未肯輕開高在品。萬難爭豔大於春。事物紀元武后謂游後苑百花俱開惟牡丹獨遲今年醉酒纔三合。此夜看花有幾人。笑說還栽千百本。囑他蝴蝶現前身。

種樹喜易長成因以寫懷

種來嘉樹染窗紗。較好從前茁嫩芽。若使春風眞有力。也能分綠到鄰家。

陳履和 字介存號海樓石屏人乾隆庚子舉人官太谷縣知縣

重陽後五日侍家大人同諸公泛舟乘月登太華寺

高堂劇游興。撰杖隨左右。勝友偕兩三。佳節補重九。楫緩騰波徐。雲歸遲客久。捨舟入煙靄。聽鐘出林皐。圓月上遙空。初地儆虛牖。萬頃明玻璃蒼茫接海口。徙倚鬢鏡軒。奇觀得未有。不愁風露涼。觴中餘菊酒。

朱一點 字春沂安甯人乾隆庚子舉人官鄜州州同

題吳麗夫滿目清機圖

太湖一何闊。洞庭一何幽。君不在城市。來尋泉石秋。秋山長松一千尺。灑雨銅枝遮白日。山中麋鶴時往來。坐愛清機忘得失。吳兒紈袴驕且矜。蘭橈蓮舫來佳人。爭鬬繁華競奢麗。豪貴時與風波鄰。淮陽鹺賈起樓閣。假水假山紛錯落。一朝金盡化爲塵。蔓草荒煙悵蕭索。何如君作湖山主。不費錙銖營寸土。時時登眺一開顏。餘霞澄波供媚嫵。玉液熟時家釀香。金英摘處野花吐。兀坐澄懷了無關。浮雲富貴與終古。

菊花

秋風取次斂羣芳。獨許金英匝地黃。好載酒來酬雅致。宜無人處味清香。月明自愛蕭疎影。霜冷何妨黯澹妝。底事濂溪標隱逸。翻同富貴競稱揚。

盧生祠

此心久共太虛游。醒自清清夢自幽。何事盧生難早覺。黃粱熟後始回頭。

朱奕簪號芴山石屏人乾隆庚子舉人官什邡縣知縣

春曉

芙蓉帳暖聞鶯早。二十四番花信杳。畫檐一樹雨櫻桃。
夜來紅藥開多少。綵旛風撼金鈴搖。數花驚起雙棲鳥。
雲窗霧閣香溫麝。誰家正夢漁陽道。

沈蘋香貽樹皮一段。狀臃腫而色朱。殷云西域萬
年松也。一名老龍皮。可釀酒。飲之愈風。爲作歌

駭然瞥覩鱗之而。隱侯贈我老龍皮。心知靈異不敢捉。
一片來有風霆隨。隱侯語我無驚怖。萬年之松盤古樹。
老化龍鱗蛻骨。酒仙寶於仙邱露。萬年松。人謂爾是
松化龍。我謂爾是龍化松。爾本赤龍具火德。豢龍之圃
豢不馴。有熊之君騎不得。怒走大荒天西頭。雪山一臥
清涼國。我不知爾從中原野戰來。歷幾萬劫今方歇。通

身淋漓元黃血。松兮松兮。爾生遑問何歲年。胎胚元氣鴻濛先。白榆青桂同靈根。後天不老仍先天。不然盤古骨朽龍頭白。胡爲乎蒼髯支離叟。紅顏轉作龍兒色。天生神物安可測。紛紛解脫滋之惑。水經山疏皆渺茫。不如一樽赤琥珀。

庭柚

與爾三年對風霜。不改柯。花爭春豔少實。愛晚成多。古蘚留奇篆。寒蟬和醉歌。天將黃綬賜。遲暮未蹉跎

和羅琴山梅影

前身姑射認分明。休把芳蹤誤落英。自顧那須憐太瘦。相隨原不炫孤清。折來客定知何處。修到人當又幾生

數點天心回也未。陽春大地已先迎。
物外超然見遠神。如何混跡到黃塵。縱誇高士形骸略。
可識春風面目眞。蘭艾縱橫紛莫辨。溷茵飄泊總無因。
尙餘鐵石心腸在。肯語人間皮相人。

夏

乍寒乍暖不知時。偶似淸和旋又非。久客畏如初至日。
崇朝更遍四時衣。分番晴雨乖花信。交錯晨昏誤鳥飛。
最是困人天氣裏。只宜開卷掩雙扉。

過灘

登舟不敢訊江程。愁聽前灘說著名。幾見急流能勇退。
偏當危地要徐行。驚心事怕逢回首。出險人眞是再生。

我自年來于役慣轟雷一枕夢魂清。

張辰照號景園蒙化人乾隆庚子舉人官定遠縣敎諭

雨後游圓覺寺

寺古游人稀。空階落花雨。雨霽我獨來。苔痕上屐齒。松陰滿院涼。閒聽風鈴語。

宿元極宮

空山杳無夢。起倚寺門松。玉女抱明鏡。挂在晴雲峰。碧采鑒毛髮。清輝澄心胷。夜深萬籟絕。隔寺鳴霜鐘。和以幽澗泉。自然成商宮。遂爾絕塵想。泠泠御天風。

雷覺軒先生讀書處先生名應龍正德中官御史出領兩淮鹽運直言極諫奏毀淫祠八百餘區少年讀書圓覺寺

覺軒先生面似鐵。神年到處貽風烈。八百祠荒劫火寒。三千疏畢瓊花折。卞壺遺墳誰請修。雞鳴山下風颼颼。少年齋粥枉斯地。黃葉寺門秋復秋。人生百歲如泡影。節義文章最彪炳。報國慙將麟梭同。立朝敢憚魚頭鯁。先生去後山齋涼。游人到此空谷香。讀書不識忠孝字。同時亦有鈐山堂。

仲宣樓

作賦人千載。春風賸此樓。才名甘附魏。心事悔依劉。落日檻前暮。長江天際流。登臨重懷古。爲客不勝愁。

李元禮墓

松翠滿平原。先生遺墓存。我來贈馬鬣。還比謁龍門。黨

禍先唐宋高名繼武蕃楷模終古在盟手薦溪蘩

途中

木葉亭皐下關河一雁飛途長秋又到家遠夢先歸細雨黃泥路寒煙白板扉倚門人萬里早已盼斜暉

宛南道中見月

又見梁園月天涯碧一規客中忘晦朔馬上幾圓虧去路尙無盡旋家漸有期閨人倚虛幌應自淚痕滋

歐陽文忠公墓道碑

百尺豐碑倚夕陽昔年遷潁有遺鄉韓鄒氣象惟斯老六一琴書富此莊夢裏青苗憂國政天涯封樹憶瀧岡斗山共仰傳文在不比平泉竹石荒

弔張江陵

忠良恩賜寵如何。一訴閻妃委逝波。柄國才形高拱拙。奪情事累李賢多。恩讐早快生前杖。門戶齊操死後戈。莫問山邱與華屋。昔年零落已寒莎。

望岳陽樓

岳陽樓隔水泠泠。一望空濛指翠坰。三楚浪痕拖檻碧。九嶷山氣拂檐青。天涯宰相饒憂樂。海上神仙幾醉醒。何日畫欄新置酒。湘妃瑤瑟雨餘聽。

詠史

美人情重別如何。劉項雌雄總逝波。膝上歌殘垓下舞。興亡俱有淚痕多。

沙　琛字獻如號雪湖太和人乾隆庚子舉人官懷遠縣知縣有點蒼山人詩

蘭溪道中

泉響四山空。石溪秋氣聚。密竹連溪崖。積翠自成雨。野渡杳無人。人聲隔煙語。

汲江行

汲江引銀瓶。中有故鄉水。水味似故鄉。故鄉五千里。前日大江北。今日大江南。江上何所有。青山夾雲嵐。長槳駕遠舳。一夜汀洲宿。歸夢越波濤。門前芳草綠。芳草春復春。腸斷倚樓人。紅顏餘幾許。眉黛舊時顰。風吹崖邊樹。斜月墮煙霧。良會不分明。猶聞話縑素。軋軋曉櫓聲。驚心問早程。葦花落秋渚。遥見皖公城。城中車服好勞人殊草草。宦游何時歸。澄江照人老。

喜雨

盛夏苦亢旱。得雨不惬懷。人苗同一枯。雲雷中道乖。今晨動煙霧。浮涼發天涯。雲霞絢猶駮。風雨俄以偕。老荷寂復喧。蒼葭黯漸霾。薄暮轉浪浪。傾灑何淋漓。物理異頓漸。舒徐有餘施。蓄極勢未已。慰兹久旱思。我行計百里。森爽忘暮飢。輿夫泥沒踝。兹行不言疲。野館環深林。繁響豁心脾。

讀前人田家詩感賦

我從田間來。束帶忻作吏。作吏勞心神。復憶田間事。孟夏鵓鴣飛。繁陰暗濃翠。雨餘農事閒。良苗蔚豐遂。野趣

談古初田酒偕歡醉濯足溪泉清開襟遠風至散蕩不
妨人何由辨機智識道苦不早負此沮溺志
井田不可談均田亦煩促游民積漸增機變相馳逐刑
政詘益滋姦僞緣猾[犭禿]十食而一耕飢腸成疢篤民生
首一飽力耕詎云辱榮利耀其前五色豔迷目綺裘鄙
布素珍食陋粱肉役情索身養身徹索未足刀錐第可
營山海走相續豔女懷金夫併優仰華屋詩禮豖可伐
借客死可鬻萬衆紛嚘嚘誰能禁起伏惟有驅田中佃
頭種菽粟貧富不相啖田亦漸均屬人意靜耕鑿休風
生素樸何由驅之田云毋現可欲
兵從田間出罷卽田間歸國無募養煩邑有守禦資卒

然下符契萬千立可齊十人一火具農夫力優爲勇壯寓羈束耕鑿安恬熙烽燧一隅動四面饒兵威更番不千里精銳有餘施戰士恤同民道路無侵欺尉長悉鄉里緩急相扶持旣無寡兵患何由老且疲功成不利賞急此南畝期有唐變彍騎方鎮生禍階自從兵民分得失難可思優優府兵制何異阡陌開

古者仕釋褐拔茅南畝間民隱晰纖微教養術所便本無華侈性富貴亦藐然解帶行反耕進退綽且寬唐制科選雜農士始相懸奔競利夸蕩車服竭芳鮮得仕不饜情熱中生憂煎豈無爲民志爲已難兼殫沈郎四太論流極不可言士風漸趨巧功業日以泯緬懷諸葛公

智術侔天人。當其南陽時。力耕若終身。成都八百桑田。業遺子孫。淡泊訓明志。千秋愧素餐

三峰谷

風霾暗平野。入山遽晴朗。連蜷怪石岡。微徑蔓榛莽。度嶺俯平林。曲折菑畬廣。谷聲殷吠尨。橫橋背茅廠。陰陰槲葉深。冰泉瀉巖響。招呼問蘭若。郤步緣溪上

朧門行效王建荆門行體

朧門溪頭溪水長。臨崖大木椽作梁。溪南二月行人絕。南風如燭烘林樾。四月蠻家山上遷。尋涼逐水深竹邊。夷女浴歸雙足白。野花亂插香雲偏。燒山種稻不須水。陰陰溽暑滋秔紫。暑氣蒸雲貼地鋪。漫漫銀海天模糊

一雨一晴瘴煙起日中五色紛縈紆防煙避雨不記程虎牙孤戍氣猙獰下有毒泉清見底飛鳥一飲中墮死游魚撇撇不可釣蛙聲如犬衝人起連蜷怪木交陰深同根異實青森森象行草中不見脊火犀怒觸山石砉蠻兒耕田負弩刀山僧兕虎巖村柵南中賈客操蠻聲不辭荷擔年年行職方以內險如此九猛之南可知矣山經異記闕紀多奇游畢竟將何底青翎小鳥呼歸飛飛飛畢竟不如歸

秋雨解

野人采菽炊飢饔低頭淋漓背朝雨手中擷實半空枝太息秋霖竟無補三伏炎炎禱龍公豆花半萁落焦土

等如膏澤今滂沱。何似前時早相與。我思古來人才何
時無。往往泛置猶凡夫。天地鍾靈詎無意。遲迴抑塞何
爲乎。若大旱用作霖雨。古人妙喻味何腴。用不用一轉
移間。紛然萬彙差菀枯。天心人事等難測。硜硜怨望嗟
何愚。農夫農夫旱種麥。今年秋雨明年食。

廣武原

絕澗臨相語。聲呼肅爾軍。英雄廿一戰。天地不中分。劫
盡咸陽火。人歸芒碭雲。徒教千載下。成敗論紛紛。

館寓月下

碧落過新雨。清宵水鏡臨。無人同此意。與月得相深。露
重花如雪。庭虛竹覆陰。惜春不成寐。奈爾惜春心。

繁花塘道傍石

簇簇小湖山。玲瓏百壘連。一峰一窩竹。半水半平田。蒼翠猶含雨。迷離欲化煙。平泉多少石。不似此安然。

蘭滄江歸自神洲渡濟

連峰直上險層霄。萬里波聲壓海潮。源近黃河初泖處。流專赤縣最南條。盤渦當晝蛟螭鼾。裂石皸崖風雨搖。百尺浪花飛渡險。豁然瘴暑已全消。

桐城道中

折坂塗泥迫暮程。翠微深處轉情生。泠泠野水潤餘雨。得得好山天放晴。大壑松高雲氣響。澄江風細雁行輕。人生出處知何適。隨意煙霞分外淸。

淝水懷古

千里旌旗歷壽春。謝元措掌竟無秦。可知百萬投鞭衆。不及昂藏賣畚人。兩晉河山存一戰。八公草木走羣神。圍棊太傅眞瀟灑。早辨蒼生賴此身。

重九前雨中

鯉魚風信迫芳朝。水國棲遲倍寂寥。涼雨一天摧木落。秋聲半夜起江潮。家山入夢雲猶逕。宦海經年鬢自凋。明日登高堪泛菊。愁腸須倩酒杯澆。

湖濱夜行

平沙渺渺渡煙臯。騗馬寒嘶雁鶩號。黃葉樹深微月淡。空潭水落斷崖高。一星碧火湖心寺。往劫悲音夜半濤。

野艇無人遥喚渡。此生蹤跡總勞勞。

懷甯建德霍邱懷遠四縣士民為予醵金代贖感賦

桓山啼鳥正紛騫。北蹟南雲路萬千。那是解驂堪救免。俄然振臂起爭先。百身贖我眞臨穴。尺管回春共仰天。皖伯臺邊重載酒。人心江水兩纏綿。

微雨

雙峰一片雨濛濛。飛繞簾櫳澹沱風。草色青回殘雪裏。泉聲高枉亂雲中。百年精力成衰始。萬里交游少信通。已慣齏鹽能健飯。莫將窮達問天工。

鄴中懷古

銅雀岧嶤對墓林。分香遺令暗情深。明明國計無多語。抵死猶謾篡漢心。

戴聖哲 字崧雲祿勸人乾隆庚子舉人官巴東縣知縣有崧雲草

丙辰秋途中述懷寄山左姜二

神馬蹴四蹄。臨風思橫行。神鷹握雙拳。凌秋思上騰。我兄試靜聽。賤子且一鳴。僕也年少時。意氣干青冥。讀書求大義。不好論微精。囊無三月糧。鞭破千郵程。瑣瑣充鄉試。挾策游上京。雄光鬱寶礦。磊落投春卿。吁嗟璞未斷。隔石沒晶瑩。愧非楚卞和。造次趾遭刑。不如拂衣去。歷覽山海經。千金買騄耳。百金裝青萍。馳騁燕趙間。把酒邀娉婷。邯鄲游俠子。求我聯輜軿。無復信陵君。若輩徒鱣腥。愁然謝之去。俯仰恣所憑。五嶽亙天地。惻惻勤攀登。引手接星辰。大呼撼閶闔。仙人不我賤。神人不我輕。金丹設重味。瑤草鋪前庭。大酌臨天漢。一吸乾滄溟。眼高視八極。萬物皆蒼蠅。八月具扁舟。九月下維揚。十月涉嶺海。志欲浮東洋。風波不可涉。三月又錢塘。潮水天下壯。湖水天下涼。川澤孕秀美。煙月照清狂。湧金門外路。欲罷不能忘。至今清夜夢。猶在西湖傍。七月適荊楚。神色何欣欣。一行雖作吏。不解貪新聞。芳草問古渡。晴川迎朝曛。瓢挹洞庭水。幕宿陽臺雲。舊友見我來。談詩至夜分。新知見我來。豪興高蒼雯。中無儋石儲。食客猶紛紛。詎知人事改。匝地橫妖氛。陶令未折腰。王粲已從軍整戈走襄漢相與征黃巾將軍軍令催突過長城垠三更馳羽檄驛路看星文嚴關鳥不飛日親牧馬羣僕夫行且病我方振勞筋獨念襄樊民無故遭殲焚樓臺已灰燼翁媼拋兒孫丁男未習戰空血刀頭痕盜賊被廣野白骨留空村春蘭與秋菊誰爲賦招魂我行二月餘念此增煩冤安知楚山外觸目當何言生平誇壯游俗慮渺不干如何側下吏慷慨百憂攢昨夜涼風生關山侵暮寒我家滇海上遙隔彩雲端故人在東魯欲近不可攀拔劍擊大荒長路浩漫漫流民轉溝壑兵革將連年安得姜子牙相與操戈鋋救伊出水火會朝靖烽煙羌家多兵謀成功原不難誅茅歸爾宅斬土歸爾

田。士女得安養。箇箇顔如蓮。勳名著旂常。終之游名山
功成不受賞。高揖出塵寰。神鷹匿無影。神馬去不還。征
途寫狂歌。寄汝聾應掀。

七盤岡運糧

七盤岡。東棗陽。北走湖鎮。南官莊桑。青水白。沙土黃。重
重固結包天荒。將軍羽檄藏空下。雙溝車馬來飛揚。雙溝西距七盤岡四十五里肩摩轂擊通軍糧。佩刀小卒慣押運登臺
呈票神昂昂。尋常計較秉權量。收時何所似。黃蜂挈蘂
歸花房。發時何所似。槐安累卵還蟻王。一袋百袋千萬
袋。又如轉丸隨蛣蜣。紅旗一展萬夫曉。爾輩沐浴皆
恩光。天家發帑千萬計。年年輸粟招流亡。食德服疇

竟驕縱。人生何處知綱常。去年小醜競騷動。兵戈滿眼通樊襄。殺他賊頭旗似雪。我兵飛逐揮金槍。可憐糧乏食牟棗。無敢失足侵稻粱。天深月黑無雲影。颼颼萬幕依山旁。沙平水遠竈煙冷。賴我速運充飢腸。我於糧務焉敢當。嚴兵護送無驚慌。（募義勇護送）七盤岡何蒼涼。賊烽時擾亂。民屋皆燒光。靈光殿獨巋然。狂猶然一炬焚東廂。（關上焚掠三次）分付義兵愼巡邏。無使我馬拋絲繮。君不見資山吳山一路倍險峻。肩挑背負走且僵。

襄陽野望

行行去去負金戈。絕塞窮荒幾度過。萬竈黑煙村戶少。三山紅淚女兒多。人生易得春前恨。散亂難逢醉後歌。

昨夜羽書南望下。將軍一戰竟如何。

許　憲 字丹山趙州人乾隆庚子舉人鄉人著作有集者元自不少而半未付梓茲廣為搜訪十得六七亟事採入總以不克多收為憾也錄丹山孝廉詩附識於此

弔杜孝子

趙郡無雙士。遐荒第一人。少曾窺祕籍。長復肄儒巾。教讀還將父。居稽不厭貧。兵戎紛擾擾。險阻歷頻頻。寇已尋蒿莽。翁先避棘薪。操刀何慘酷。决命敢逡巡。孝子衝林出。狂兒怒目嗔。張拳期抗敵。踈立獨遮親。指逐鋒鋩斷。膏塗草野勻。僵尸仍卓立。洞臆尚吟呻。痛矣思吞賊。傷哉竟殞身。芳名垂竹帛。憑弔自千春。

孫光祖 蒙化人乾隆辛丑進士官澂江府教授

巍山古蹟二首

神虎

皎皎星月寒在空。深林獵獵聞悲風。太極峰下有神虎。夜來拜謁趨靈宮。斑毛歲久積如墨。月光掩映無顏色。只有金精睒睒搖。遥射星芒不可匿。虎必久善無翼張。文篇騎過朝天闕餘威不許羣狐假。追隨忍復攜鬼倀。道人側視拄壁隙。虎嘯一聲山氣白。明晨起視寺門前。溪沙駮駮留虎跡。

三足麂

仙翁仙去曾化茲。聲如銅鈸鳴高枝。巍岑深處得所託。如烏三足尤稱奇。當年失足攖塵網。奮身斷臂拋蹄掌。

跛鼈山中幾十年。強隨雀躍行蒼莽。到今健步飛如雲。機心擺脫忘邱樊。通靈慧性能知雨。夜夜呼人來寺門。麃兮麃兮晦林谷。虞人機弩不可卜。君不見胷前茸深白雪毛。銅牌猶網漢時鹿。

雨洗碑

鬼童借讀歐陽表。颶風強索涪翁書。海神頗解識文字。茲獨成功推不居。相傳南詔時渴雨。太守火急求神祠。自鎖其項鎖神項。激神一怒牟雷馳。墨雲拂拂殿角起。須臾甘澍滋淋漓。雨珠雨玉徧霑足。紀神嘉惠懸豐碑。神夜覽之笑拍手。太守之力吾何尸。曉起依然碑沒字。由來夜雨工磨治。兒時我習聞此說。到今耆舊同一詞。

勳烈至大不矜伐。將軍大樹神能爲。圖經野乘未收錄。作爲長歌聊補之。

伏羲里

浩浩乾坤正莽蕪。聖人天遣冠軒虞。奇形未信同牛首。瑞兆先傳出馬圖。一畫遂長開混沌。六經原不涉苞符。瑩瑩列卦臺邊月。曾照當年手蹟無。

磁州

身入長途思轉閒。意中榮悴兩無關。客行淡雨斜陽外。路在新荷細柳間。刺水綠平千頃稻。隔林青露一痕山。風光劇似鄉園路。沽酒旗亭暫破顏。

張于恭 號竹亭太和人乾隆癸卯舉人官臺灣府海防同知

碧筒杯

陂塘五月秋。選勝集仙客。移座傍新荷。分杯徧瑤席。輕颸拂漸涼。零露淡將夕。藉此芙蕖香。泛我蒲桃碧。黃嬌快濃斟。翠葢煩頻摘。用隨蕉葉捲。把稱蟹螯擘。每來花嶼傍。詎假糟邱隔。勝彼九霞觴。歡醻堪共適。

劉　淮 號對山昆明人乾隆癸卯舉人官彭山縣知縣

東吳曉艤諸公

少同筆硯壯同舟。投劾歸來覓舊游。宦海卅年春夢覺。閒心一片白雲留。相逢耆宿皆青眼。莫羨公卿有黑頭。猿鶴山林容管領。與君仍拜醉鄉侯。

尹英圖 號百川蒙自人乾隆丁未進士由檢討改知縣官施南府知府

丁未五月奉　旨充詳校官　派閱四庫全書恭
紀

輕車清曉趁薰風。如砥旁行馳道中。記得年來頻過夏。
曾從天上望　離宮。赴　園

聯翩一百八仙班。金碧樓臺任往還。中使琅函新捧出。
衍文僻說盡從删。分書自卿貳詞臣部監派一百八人

第一泉曾荷　睿題。輕甘端不數山谿。試煎蟹眼兼魚
眼。玉椀清香手自攜。恩賞玉泉山水煎茶

丁巳夏余駐建始縣涼風埡堵黃柏山賊維時兩
大帥攻勦甚急余適當賊衝扼要據險連旬大
雨忽憶家居時與友人過段啓文園林飛觴分

韻事自入名場日日履虎殰兒勞貫萬端此樂
杳不可得爰賦此詩

連雲疊嶂耀戈鋋。雨溼兜鍪意黯然。忽憶故園歡會日。綠陰深處正鳴蟬。

過亭子墟見漁船偶賦

郎抛層罟妾輕橈。暮雨朝雲任汐潮。網得一雙文錦鯉。綠陽深處醉今宵。

任澍南 號棠村石屏人乾隆丁未進士官知府

青歸樓

齊雲落星淩紫微。鬼工創造何巍巍。繁華過眼餘瓦礫。海蜃噓氣空煙霏。平生愧乏造鳳手。如椽巨筆不可揮。

閩南塞北枉碌碌。一旦今是知昨非。邯鄲借枕初醒夢。漢陰抱甕甘息機。先人儆廬略修葺竹屋土銼開荊扉。華嚴樓閣現彈指。無上妙法安可希。分無三層學貞白。仙人居處參依稀。黃岡之竹檐上瓦白雲之茅垣上衣。樓居受用何所似。碧波千頃山四圍十九年來此息影。差免嶽嘲兼壑譏。北窗跂腳便偃臥元龍之豪其庶幾。

楊宗時　字子昭號湄樂劍川人歲貢生

孝婦行　婦氏楊陳訓妻故明御史奇猷母贈孺人

義激成孝名。佳婦乃處子。感格傾鬼神。事罕見經史。我聞楊家女。猶未嬪陳氏。瘦癘染夫家。八口幾欲死。奄息連匡牀。困憊曾莫比。有鬼瞰其室。無人給杯水。處女得聞之痛迫切心髓。踧踖啓高堂。不料今若此。急難相維持。於婦爲正理。恭承送見婦。誰能恤羞恥。翁娘領者再此行不可已。倉卒粗理妝。前導遣織婢。幼婦初行庭。舉室心則喜。曾未事扶將。甫計調甘旨。一拜翁卽痊。再拜姑亦起。餘衆歇呻吟。匍匐爭躡屣。里巷都駭驚。根由叩所以。阿翁前致辭。恍惚猶枉耳。諸鬼相召呼。吾屬可去矣。孝婦將臨門。翌日當至止。請君入甕中。愼勿忤士女。比鄰稔斯言。咄咄復唯唯。倩婦押甕封。遠棄三十里。從此徧閭閻。災殃泯大傀。

陳　謨 字萬言廣西人貢生官祿豐縣訓導

秋日答昆明陳嗣虞

小雨初晴挂晚霞。荒村幾處野人家。能扶殘醉時相訪。半看青山半看花。

段起賢字聘三安寗人乾隆丙午舉人

施秉泛舟至鎮遠

巨靈斧鑿尚依然。陡壑中流一線天。水石交爭灘勢急。溪山層轉洞雲懸。巖凹似絮猶堆雪。風際如簾更瀉泉。行過清溪試翹首。蒼茫城郭鎖寒煙。

李謙字牧山晉寗人乾隆戊申舉人

舟次黃州

鼓棹從東去。飄蓬且暫留。江山餘赤壁。詩酒弔黃州。鶴認堂前雪。人逢月下秋。何須更吹笛。臥想是清游。

李　基字福宇太和人乾隆戊申舉人官東鹿縣知縣

地險

地險居庸外。茫茫古朔方。冰花當夏白。塞草未秋黃。天闊平沙迴。雲迷古堞荒。笳聲吹日暮。隴阪下牛羊。

楊　炘字乘之太和人乾隆戊申舉人官知縣

題師荔扉春宵佇月圖

君心本無滓。神理微茫通。穆然生遠思。矯首海門東。所思隔煙霄。夜色青濛濛。露華溼襟袖。蘭氣芬幽叢。何時纖阿來。清光萬里同。從倚發長嘯。一聲天地空。

贈尤醫士

濠梁宦跡偶相親。藉甚聲華自有真。竭力已聞稱孝子。

回生還許作仁人。方壽海岳心如鑒。草拾園林手是春。
莫道國工無覓處。而今和緩不生秦。

贈袁蘇亭先生

十五年前已退耕。八千里外尚孤征。半生著述眞騷雅。
垂老交游足性情。帆入雷池雲作合。夢回滇海月同清。
何時得遂溪山約。把手瀾滄共濯纓。

谷昇林 號葂村昆明人乾隆戊申舉人官京山縣知縣改鶴慶州學正

思歸

何時江上理歸艖。煙水蒼茫襯晚霞。久客風情如泛梗。
故園霜信想開花。一官去住驚郵舍。千里雲山望到家。
我是鄉心無日已。那堪金碧渺天涯。

滇詩嗣音集 四

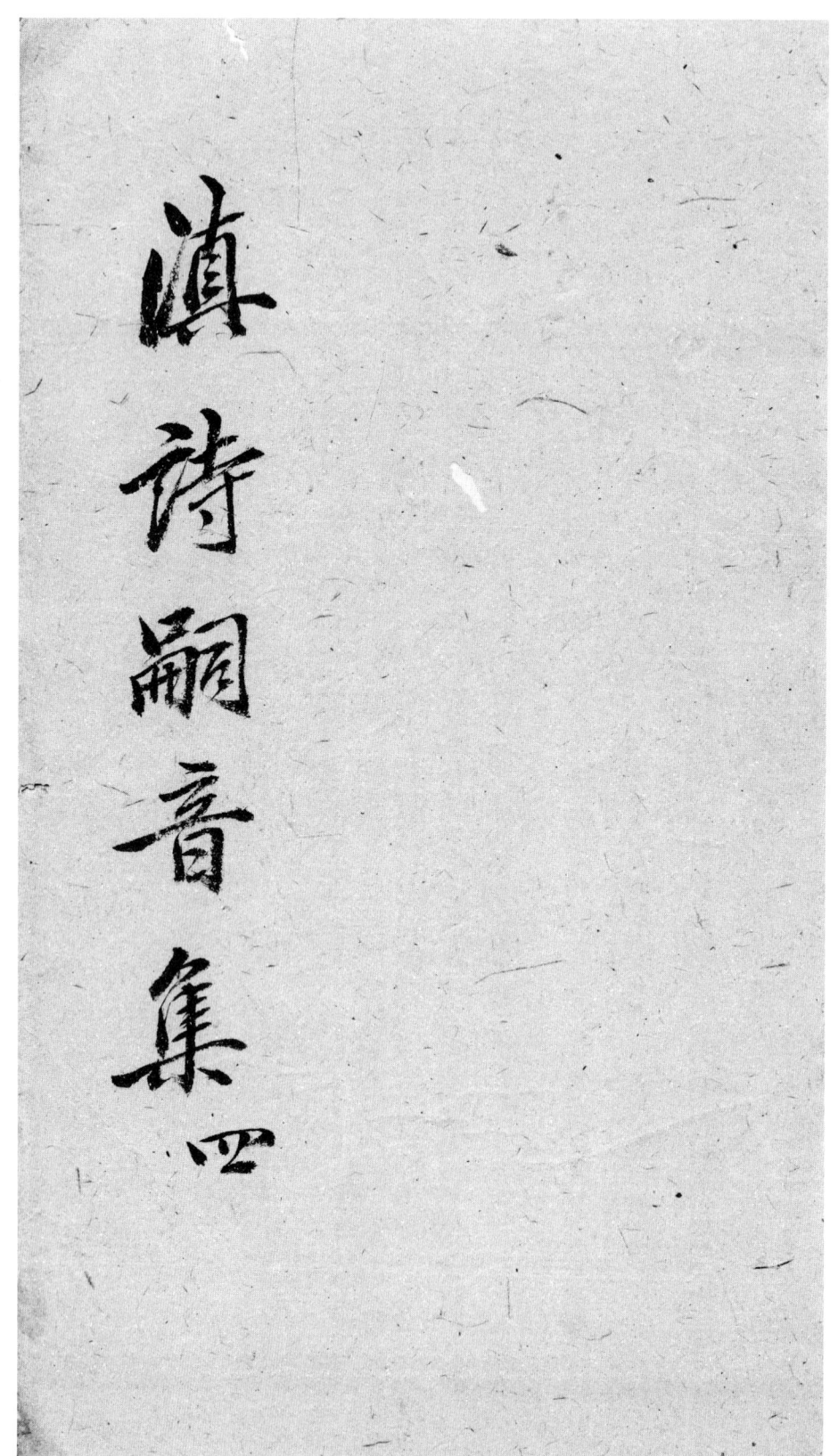

滇詩嗣音集卷八

呈貢戴淳古村定　　昆明黃琮象坤輯

楊　昭　號碧泉安寧人乾隆己酉進士改庶吉士官工科給事中入祀鄉賢

歸來

一自歸來賸小樓。擁書高臥十三秋。山僧不解雲棲懶。尙問金臺何日游。

孫　杰　字亦人呈貢人乾隆己酉舉人官麗江府教授有一松草亭詩鈔

雜感

移家自昆明。來就苜蓿盤。繞膝雖云樂。忍見啼飢寒。春秋相代謝。俯仰良獨難。自慙生計拙。中夜起長歎。

孤城二里半。同官只五人。歲時偶讌會。酒薄情則親。相

對各蹙感愁眉兩不伸我時一輾然遭際會有因無喪亦無得憂道不憂貧
滇黴四窮州惟龍爲最窮置我一窮儒窮將安所終固窮乃君子斯濫匪吾躬不見銜山日明晨又昇東否極斯成泰老運或將通
手植海棠樹枝柯出檐端每當花發時花下羅杯盤含香避熱客弄色娱冷官恆邀夜月上屢耐春風寒明年花再發留與後人看余將擢教授去
難從赤松子聊學榮啟期九十行帶索焉知寒與飢儒冠不誤我何曾與世違俸薄職易稱韲鹽足自怡且幸身心泰課士復吟詩

百憂不能解。強起吟我詩。管城禿已久。難寫黃絹辭。新聞不願問。舊籍喜重披。酒闌燈灺後。花晨月夕時。得句旋復忘。一笑姑置之。

一燈紅耿耿。良夜課諸孫。疑字與辨證。大義爲講論。百讀不成誦。睡魔撓精魂。智愚賢不肖。中有天命存。拂袖揮之退。默默自闔門。

緬昔聞相者。觀人以形狀。燕頷或封侯。猨臂乃名將。驢面與鳶肩。位皆列卿相。禽獸分一體。超然出人上。我獨忝爲人。無似空惆悵。

客從山中來。貽我參同契。教我鍊汞鉛。旨奧工夫細。龍虎自擒拏。坎塞兌長閉。迸頂出嬰孩。勿乃成兒戲。吾獨守吾眞。落落人間世。
黃鵠化白梟。頽然成老翁。花落不上樹。日昃難再中。俯看川上水。滔滔流向東。一去不復返。暮景將無同。不如飲美酒。長使衰顏紅。

搬家行

昊天亭毒心。雨露無私澤。坤輿皆奧區。無地非安宅。奈何此邦民。甘作遠行客。僉言歲不登。三年鮮稼穡。夙聞黃草壩。沃衍富阡陌。土曠人民稀。可以肆農力。收拾我錢鎛。適彼是樂國。不敢告鄉鄰。暗與妻謀畫。急急貸耕牛。忙忙整籮索。有男已及肩。背可負囊槖。有女腳未纏。尙堪履沙礫。家具儘一筐。釜盂碗箸杓。破被捲敝衣。束用黃牛革。整頓一擔擔。豈必呼將伯。鐵鎖悄鎖門。起趁東方白。皇皇問征途。雲山遥間隔。淺水壘石過。高嶺攀藤陟。行行日未中。兒女汗流額。且尋背風處。喘定聊小息。枯柴樹頭攀。粒米澗邊淅。炊火出溼煙。安釜支亂石。席間坐團圞。日中快飽食。餉夕復前行。雨昏月又黑。猛虎嘯深林。睒睒金光射。怪鳥時一聲。哥哥行不得。妻孥慘淒悲。有嗅不成滴。權就崖下棲。倚背互瑟縮。天明各相視。彼此無人色。朝朝歷險艱。計程閱三百。甫抵安樂鄉。廛土猶未拭。先叩富人門。竄身入戶籍。佃田三五畝。且藝菽與麥。數口獲安居。遑敢云蓄積。

誌哀六十韻

峩峩瓊樹枝。同根期永久。翩翩鶺鴒鳥。鎩翼失其耦。子然只一身。倐喪左右手。念昔我先人。傳家本忠厚。卓卓漢峯公。菱塘稱逸叟。案上千卷書。門前五株柳。高懷澹物情。令德克昌後。篤生我父叔。聯芳眞不偶。相繼掇科名。同時綰組綬。南闈與西江。廉名遍孺婦。飄然載石歸。不恤襟露肘。吾兒少敏慧。出語驚黃耇。十三游泮宮。宗師喚小友。出門交賢豪。入門拜父母。至性眞觥觥。言動曾無苟。弱冠登金臺。長才期大受。秪緣定省勤。且逐宦轍走。積歲始歸來。嗜書比瓊玖。忽忽四十年。已甘老南畝。戊子與計偕。一朝脫塵垢。三試黜禮闈。還鄉只閉戶。退閒擬著書。那恤覆醬瓿。丁未叨　殊恩。良材采薪樵。

兄時荏選中百里膺銅紐朝　天値重五甘雨幸滿缶
內府錫紗縠　恩遇古未有單車急之官豪強鉏某某
種藝逮桑麻字畜問牝牡虛堂懸明鏡那復成見狃報
政及六年廉名非襲取便欲挂冠歸豈戀米五斗賊氛
從西來虎豹聲震吼烽火燼廬舍殺戮逮雞狗蠢茲嘓
匪羣乃爲蓮教誘昂然兩將軍材官竝赳赳譬如掃秋
籜只須用輕帚豈知蛾賊狡百萬伏林藪蕞爾定遠城
樓櫓半已朽書生躬擐甲登陴誓死守節餉撤戍兵誰
實尸厥咎徒恃嘉陵江倚之阸羣醜木罌宵濟軍東川
被蹂躪飛章達　甘泉突然被械杻不死邀　君恩精
神還抖擻慷慨赴盧龍缺齒餐麰麮荷戈兩載餘年已

躋耋壽。恒化在六月。實惟歲乙丑。嗚乎已焉哉。功名期不朽。世人計成敗。心跡誰爲剖。憶昔兩詣兄。清談卯逮酉。兄謂我當歸。草草營甕牖。前檐樹棗栗。後圃藝葱韭。追步我先人。銜杯侍叔父。豈期時事更。往言徒負負。聞耗先驚疑。不知書誤否。繼知此信眞。未食已欲歐。深宵頻夢兄。骨瘦面何黝。迢迢萬里道。何時歸靈輀。無德禍延兄。氣結難仰首。魂兮早歸來。一樽奠清酒。

堡夫行

買田立堡設堡夫。皇華驛路供前驅。名在檔冊戶難脫。田經轉售夫誰逋。祖孫父子相承繼。如世襲職膺官符。按日輪派聽驅使。迎來送往奔長途。赤足踏地繭折裂。

禿肩磨頳血模糊。自朝至暮行百里。貴人安穩眠籃輿。偶然傾跌達官怒。大杖頻及勞呵呼。達官請勿怒。賤子試言。諸人生有貴賤。區別智與愚。人各有筋力。我亦愛肌膚。險道一失足。動與鞭朴俱。區區命誠微。嗟嗟竟何辜。屢欲逃匿避斯役。第恐禍及妻與孥。我聞此語長太息。力役之征何代無。此亦人子可善視。鞭笞驅迫胡爲乎。

響水關

插雲疊嶂鳥飛愁。鐵索橫空截澗流。隘束一關通爨僰。險連諸郡控咽喉。戍兵撤衛烽煙靜。遷客題詩蘚壁留。我到芳蘭無處覓。滿林黃葉四山秋。

中秋對月懷伯兄

弟兄垂老不相親。負戟龍沙作逐臣。今夜玉門關外月。也應同照白頭人。

高肇昕 字開五號柯亭鄧川人乾隆己酉舉人官平彝縣教諭

秋柳

何甘憔悴竟先零。水郭煙村頓委形。客思曾縈南北路。離蹤尚記短長亭。魂銷灞岸來時綠。目斷章臺往日青。莫怨秋風情太薄。春風已遣化浮萍。

半山亭

登殘石磴費躋攀。恰喜孤亭倚半山。今古幾人尋覺路。游行此日到仙關。三湘城郭簾櫳外。七澤波濤指顧間。

遥望祝融峰不遠。停雲暫共老僧閒。

嚴誠 字中孚號實甫寶寧人乾隆己酉科拔貢嘉慶元年舉孝廉方正

嵩明道中

密霧霏微四野秋。白巖名峭行過又長州。漢人嘗立長州築臺與蠻盟故日嵩盟後更盟爲明征鴻細雨寒村暮。瘦馬西風落葉愁。人渡天邊青雀舫。自憐塵底黑貂裘。馳驅壯志何曾歇。豈向京華作浪游。

張爾榮 號春廬蒙自人乾隆己酉拔貢生官彌勒縣訓導

鸚鵡溪李氏山莊

春光駘蕩過西溪。帽影鞭絲襯馬蹄。一路鶯花看未了。炊煙起處白雲低。

許東陽　號晉齋趙州人乾隆己酉拔貢生

游玉鶴觀

海立山奔外。來尋別洞天。危樓三面樹。落日一城煙。藥氣重簾裏。花香小閣前。紅塵何擾擾。暫喜憩林泉。

李本恂　字厚居號南園昆明人貢生

太史祠懷楊升菴先生

彼蒼原不負多才。累葉家聲位鼎台。大節嶙峋懸日月。雄文精銳走風雷。碑傳峋嶁昭前代。錄著丹鉛啟後來。試問當時聰蒡輩。不堪腐草與飛埃。

程含章　字月川景東人乾隆壬子舉人官至浙江巡撫有月川未是稿入祀鄉賢

入黃岡

春花落滿巾。曉風生兩屩。樵徑如螺旋。微茫挂崖壁。山猿聞人聲。臨崖打亂石。潛過老鷹頭。盈盈溪水隔。橫空起飛橋。獨木不盈尺。前僕挽我衣。後豎持我腋。側足步遲遲。橫行心惕惕。登高復臨深。常恐蛟龍得

叢柯鎖幽溪。石門屹深際。中有老龍湫。四壁落蒼翠。巖花襯雨紅。山鳥背人睡。渴猴倒飲泉。牝牡遞挽臂。綿綿若佩垂。纍纍如旒綴。滿腹復上騰。下引乃及次。小猿負背間。提攜捷不墜。山坳起夕陰。林薄發淸吹。豈侈康樂游。尚有卞莊事。

歷盡獮猻梯。直攖虎豹宅。孰敎渡河去。空餘爪牙跡。虎去民粗安。失之良足惜。平眺西北隅。層崖若懸席。俯視

天南陘羣峰如列戟隱約麒麟山纍纍高數尺縹緲牂牁江瑩瑩纔一髮白雲隨天風林壑數匹帛雖無哭婦人此刃猶沒石莫非戒蒼生爾可食無擇

封川留別

錢山障南郭錦水湧東流會當從此別飛下船牟舟徘徊惜歧路握手重綢繆諸公盡偉器努力追前修上法曲江張其次瓊山邱最下乃科目郎官百里候我從滇南來樂與羣賢游公餘接杯酒詩文相與酬今日挂帆席悠悠我心憂臨風一揮手相期宏遠謀

送兩兄還滇

步出城西門送我兩兄歸兄歸何急急我歸尚遲遲昔

我與爾兄朝夕相因依三年不一見戚戚長相思爲我一書札歴盡千山谿芒鞵與布韈擔荷行塗泥時乘騠駃馬滑跌生瘡痍問君何爲爾曰爲予季來臨封喜相見鬑面生白髭庶事爲摒擋勞瘁亦何辭秋風吹太急一官黄葉飛伯兄恐我愁仲兄恐我悽我實無所苦苐恐兄心悲父母生我時富貴豈我隨涼颸驅瘴癘賑賑忽去兹相送白柀舫心中愴以摧泛泛水中鳧雙雙相與嬉游魚樂深潭飛鳥投林棲兄歸不可畱我歸將何時

感遇

青桐高百尺翹楚不盈抱秋露落其英同時見墜老伐

桐取琴林刈楚供薪燎。借問執柯人。桐楚究孰好。

海上篇

長夜碧迢迢。月明星宿稀。鉦鼓嚴更漏。角聲清且悲。霜風颯颯來。戰士寒無衣。爰居戛然鳴。中心愴以悽。念我從軍士。歲暮未遑歸。誰無父與母。亦有妻與兒。敢告執旗人。決策伸軍威。

行兵如行文。久荒筆不利。爰令壯士前。各將長技試。礮發山岳摧。箭落海潮退。火彈爛騰騰。噴筒光穗穗。矢石相後先。矛戟短長繼。風潮辨去來。向背識趨避。阿攀上高桅。捷若履平地。健哉老柁工。問年六十四。大刀插左肋。長勾挾右臂。曰欲立生功。首級乃其次。桓桓喜我心。

牛酒作士氣努力報深恩功過不相戲
朝巡萊蕪山暮泊放雞渚幺麼敢稱王獗張爰聚旅蚍
蜉撼泰山犬羊格猛虎礮聲轟似雷船行疾如弩一戰
殲渠魁再勝執醜虜獻俘且回帆釋戈各就伍羣盜方
如毛小捷何足數

大海不言潤神物妙興發仰觀雲腳齊海天共一色蒼
然龍下垂如懸數丈帛見雲不見龍雲闊纔一尺近卽
見雲動翩翩扇鱗甲海水沖天流有如河倒決將軍嚬
蹙言險絕不可說昔予中軍將舟與龍尾値尾掉桅倒
豎船底摩天脊弄船如弄丸須臾復正立當時五十人
浮沈無一活勸君莫浪游神龍不可測

原亂之初生。實始安南夷。借兵資寇糧。使擾我邊陲。邇者天降戾。農耐起藩籬。大憝既隕命。羣寇失依棲。以殺爲耕穫。以海爲畬菑。我兵豈不出。失在多後時。我船豈不堅。失在不輕移。我將豈不足。失在保妻兒。我戰豈不克。失在多狐疑。坐令橫海賊。稔惡迄今茲。將軍不出奇。株守空爾爲。敢告戟門士。海豐望雲霓。

獵犬不搏獸。難言山無狐。漁人不屬網。難言水無魚。强虜自跳梁。我師終踟躕。東師差矯健。三捷保商漁。西師巡高廉。泛泛水中鳧。豈無報國心。俘馘亦已疎。獻四未六十。糜餉七萬餘。餉賊兩相權。賊輕恐不如。誰言賊子賤。各抱千金軀。

强賊泊海陸驕惰非一時我師憚不前夫人皆知之一旦走窟檄兕日約師期軍門旄指東元戎鼓行西賊子出不意腹背必不支披吭搤其腦斬將搴其旗下安海嶠民上慰　義軒慈區區精衞心結念常在茲

後海上篇

捧檄上樓船鼉鼓聲如雷部下三千人半爲狼與豺夙不見文吏意恐多疑猜條告不厭煩推心見予懷蕩軼明簡易部伍粗安排官卑駕馭難憂心熾上台制府草檄去軍門仗鉞來統轄百五船雲展風帆開便如倚大樹號令歸鄭裁

師出虎頭門船輕疾如矢殺氣薄蒼冥聲威動遐邇軍

滇詩嗣音集　卷八　十

門旗指東剋期戰汕尾九龍阻長風七日不得止我意且回帆奇兵不厭詭徑襲浪白窖窮搜三竈裏賊猝不及防取之反掌耳軍令不可干孽畫徒爾爾橫戈立船頭大浪如山起

分兵佛堂門詰朝圍長洲賊子去何速曾不爲我留追奔出担杆颯然天地悠蛟啼霧慘慘龍鳴雲油油鱣鱗大如瓦鼇背高於樓鬐鬣鱷魚翅崢嶸黿鼉頭方知大海中與世迥不侔我行良自惜封侯不可求

蒼生皆帝臣尺地盡王土誰將澳門山輕與番夷處厲階生前明中官作鎮撫貪婪受番金借地通商賈白屋彌山陬黃牆照水滸種類不一家生聚繁且武邇來嘆

咭唎。眈眈視如虎。積薪雖未然。綢繆宜未雨。吾　皇握金鏡。　德威邁前古。區區西洋夷。亦孰敢余侮。

騂騮走千里。紲足不如牛。鯤鵬搏扶搖。束羽不如鳩。丈夫誓許國。馘斬鯨鯢頭。鯨鯢方縱橫。干戈何時休。側身聽號令。大將封公侯。

獵犬不長眠。蒼鷹時一擊。我師久無功。面汗常羞澀。激切衆心同。謀猷羣策合。揚帆出馬尾。鯨鯢方崒兀。破浪爭先登。徒御咸告獲。獲盜五十四名口俘馘殲渠魁。殺死盜首梁亞金良民在所釋。救出難民關瑞章等二十餘名一勝何足書。難忘戰士力。

有賊從西來。處我藩籬間。夜雨方濛濛。士卒各長歎。良時不再至。胡爲此懷安。作爾丈夫氣。加爾壯士餐。乘此

風雨夜。潛出蓮頭灣。賊從睡夢中。驚我降自天。乘風發
飛礟。縱火燒毒煙。雷公憑憑怒。電母燿燿旋。屠龍士敢
死。縛虎人爭先。此番雙得梟。擒僞先鋒關頭七僭州四二人纍纍四徒
牽。共獲盜八十七名戰士咸受賞。論功余敢偏。

英州山石歌

百萬蛟鼉吹海中。一吹一朶青芙蓉。因風縹緲出海嶠。
墮落英州化石峰。石峰勃勃起光怪。千峰萬峰各一態。
臥者嵩嶽立者華。坐者衡山行者岱。我從滇水泛樓船。
火燭林立山谿間。天以此地爲無用。委之巨石當海關。
聞道海洋潮汐起。鯨鯢出沒掠人子。何人驅石臨邊疆。
併作長隄一萬里。

海獒

秋風蕭瑟秋雲飛。秋日晶明秋馬肥。將軍出獵端溪麓。珍重海獒相與隨。問獒身價值多少。寶鈔萬緡貨海島。日啖玉米兼肥羊。毛澤瑩瑩漆光繞。當時較獵聲喧天。禽奔獸駭飛塵煙。鷹鸇捕搏無餘力。海獒卻顧空茫然。狰狞數尺雄如虎當場怯懦不如鼠可憐獒實負將軍還視將軍猶顧汝

聞人道永安事

鵂鶹噭嘐吹游燐。鬼手棱棱晝攫人。烏鵲難飛火帶逕。浮屍塞斷秋鄉名江濱。雞公鹿母屹相向。燕尾羊角開屛障。誰是陰平鄧艾兵。攀木懸崖走疊嶂。斯時如來老佛

坐中軍誓將法雨清妖氛。鼠血不須汚斧鑕。獻俘訊馘何紛紛。朝看賊囚入。暮作良民出。鏡面銀牌垂滿身。笑爾癡人何沒沒。風馳雨驟豺狼來。子女玉帛馱馬回。腰間解出招降字。官軍何事相疑猜。是仇是賊不須指。將軍有令殺降死。生者茫茫何所家。死者悠悠長已矣。

贈錢席珍

菊溪橋上竹蒼翠。吾翁若翁兩鄰誼。若翁攜我吟古歌。吾翁抱汝習楷字。偷得先生半日閒。爾我嬉嬉共游戲。浴川敢作浮鷺行。晝地能為伏虎勢。古槐方學猿猱升。峻坎旋如鶻兎墜。先生譴責不知愁。相怨相推更相詈。瞬息風光三十秋。涉海登山路各異。燕幽我為爭蝸名。

秦隴君方逐蠅利。萍蹤忽聚五年城。相笑別來成底事。
我如獨鶴向天飛。迴溪忽折淩雲翅。君似單車當夜行。
陵坡坐失青絲轡。丈夫有志苦無成。白髮暗催老將至。
迴首當年一夢中。而今尚在夢中睡。蜑雨蠻風莫久留。
與君火急定歸計。

弔余忠宣公

元道不綱天祿終。兩鳶墜地蒼者雄。烈烈忠宣守安慶。
卓然遠具良將風。江淮五載資重鎮。誓清賊虜報明聖。
屯田築堡兵甲精。鑿險增埤士氣奮。丈夫不幸生亂離。
便須手扶天柱支坤維。不爾城亡頭亦碎。束身待斃非
男兒。伯顏戰敗孤山赭。江州木賊薄城下。我公善戰蓋

有神。手擲塼石足撇瓦。金戈跳蕩捷如龍。撥開箭雨西復東。飛礮驚天賊膽破。折筋斷骨生腥風。百萬妖氛復合戰。重圍煙火日光暗。三門磔賊方如麻。地塌天傾城角陷。吁嗟乎。臣心未竭臣先亡。悠悠蒼天肆豺狼。願爲厲鬼殺賊子。一劍酬恩淸水塘。忠孝一家盡壯烈。巍巍靑冢參天柏。龍山他日化煙飛。我公廟祀乃可滅。

銕鼓歌在盧太傅廟

金鐘寶鼎亦頑屬。銅柱銕船豈符籙。一經名手便通神。光怪陸離耀陵谷。不見太傅盧公祠。銕鼓沈沈曲江曲。烏雲黯淡篆煙濃。黑水迷濛瀫紋簇。何年妖木沈江波。化作長蛟肆貪酷。口吞犬彘噬牛羊。尾掠艨艟掃舳艫。

浮尸泛泛烏鴉飛。無數陰雲怨鬼哭。我公靜者智有餘。妙用惟金乃剋木。入山伐鐵開洪爐。烈爓騰騰風肅肅。鑄爲靈鼓載輕舟。一夜半城倏往復。殷殷闐闐臨幽宮。驚起老蛟背觳觫。擘空一劍走雷霆。兩段蒼鱗十丈足。血滿長江生紫瀾。而後乃今奠予毒。居民俎豆酬公功。廟祏猶存兩髑髏。惟公鑄鼓鼓斯靈。惟鼓從公效乃速。千年神物儲精英。正氣憑臨百魔伏。

江自潯州以上險灘惡石不可勝紀仰溯爲難舟人苦之因賦長句

火山羣魔渴欲死。竄入牂牁飲江水。貪涼一臥幾千年。化爲頑石不肯起。從此江心禍事多。犖确聯綿數百里。

倒卷白波吞鵲矼。怒走晴雷吼地底。崒嵂慣破賈胡船。
硆砑擊取橈夫髓。我來春旱江正枯。牛鬼蛇神一望是。
舟師上灘如上天。一步一跌傷心髀。長繩斜勒胷脖間。
巨篙拄在肩甲裏。仰撐突如螾驪腹。俯拒曲似蛇脫骫。
倒推步步蹺轉丸。順挽嘽嘽馬曳軌。後夫首接前夫尻。
跪者口當立者趾。可憐喊聲喧且悲。有如腰脊被杖捶。
我生虛負回天力。莫能助汝爭尺咫。會須一借祖龍鞭。
驅之逐之出大海。不爾便尋黃初平。一叱羣羊走山觜。

竹實

雷州綠竹多於麻。大株小株開白花。花開不謝結爲實。
居民爭食顏如鴉。問民何故爭食此。泣言年荒豈得已。

昨朝賣得兩兒郎。一兒纔易五升米。嗚呼吾聞竹實食鳳凰。不知此物生凶荒。第願無食飢獨死。不願綠竹多結子。

潯州府送從姪承科紀錫載侯劉甥必壂還滇

本以生涯窘。相尋到嶺南。那知官味苦。不敵庶民甘。屣履依然在。風塵舊所堪。卻緣余累汝。雨雪飽經諳。游宦八千里。離家十一年。琴書無恙否。郎墓愈悽然。汝去憑傳語。諸郎幸勉旃。莫將三徑菊。憔悴夕陽邊。

弔羅浮

聞道人間白玉京。年來狐鼠嘯朱明。可憐海嶠神仙窟。不避滄桑草木兵。肝腦塗殘天鼓隙。干戈隔斷樂池聲。

山靈有淚憑誰哭。流水潺潺落石鯨。

江村

一棹䑳舸心事違。蘆花岸上叩柴扉。桄榔葉戰秋風老。橘柚香添夜雨肥。釣叟獲魚牽浪起。牧童驅犢破煙歸。何當小結三間屋。且向江皐學息機。

寄長兄

宦場如海浩無涯。悔不安乘下澤車。杜甫看雲常作客。王維逢節倍思家。書來自謂頭須白。夜夢憐君眼漸花。我亦新添鬢半尺。耳邊習習響淸笳。

譚　震 號筤圃永北人乾隆壬子舉人官古丈坪同知有培風堂詩鈔

過全州不謁無量壽佛

佛未入中國。斯民多壽考。不聞漢唐後。皆長生不老。昌黎斥佛骨。白首亦皓皓。梁武困臺城。捨身身莫保。緣知清淨宗。不與人事早。何爲無量佛。道蛻全州道。州人盡瞻拜。施釧走村媪。無相亦無住。何心望籲禱。餧肉飼豺虎。蟲臂亦不寶。佛若壽無量。壽實佛苦惱。我行粵西川。景物事幽討。方擬問丹砂。無心誦忍草。感茲悟生理。歸功還大造。山岳興雲雨。河流長秔稻。萬古常如斯。四域咸熙皡。

不寐

月黑林荒霜滿天。客懷難耐路三千。蒼涼頓覺棱生被。澎湃翻疑雨打船。夜永鼉更何處報。寒深蝶夢漫相牽。

獨醒最愛行吟客。一任舟人穩醉眠。

音集卷八終

滇詩嗣音集卷九

呈貢戴淳古村定　　昆明黃琮象坤輯

張履程號柏軒建水人乾隆壬子舉人官華陰縣知縣有柏軒文集詩集彩雲百詠續詠三詠滇繫志畧滇南詩選

禽言

不如歸去。見幾貴豫。作客最難。依人失據。世情厭故。顯者多倨。人心之險。太行灩澦。不如歸去。

曲江溫泉

燧木需人鑽。火井需人燔。怪此一泓水。石穴流沄沄。方塘暖潭沸。玉泉暄波翻。萬戶資祓濯。終年自氤氳。大造工鼓鑄。萬物有本根。硫磺與丹砂。氣色竝可分。老槐廣野熾積油武庫焚物類本相感無將奇變論。

燕巢

壼公壼是居。巢父巢足託。元鳥本星精。解將室家作。春城萬象新。歡聲如可索。愁門爾屛跡。危途爾遠卻。畫棟來翩翩。朱樓止各各。欲爲牖戶計。預將方位度。植基占上頭。附木穩立腳。雄者語其雌。此地巽巢幕。擇日避戊己。吾廬用式廓。芹香泥正膠。桑雨土方瀹。一粒銜不輟。幾丸堆交錯。鍼挑少成多。絲積今異昨。層層壘修築。纍纍珠聯絡。外濶內漸凹。上平下微削。半截舫恰肖。一彎月相若。雌者語其雄。綢繆固城郭。寢處及子孫。漂搖免驚愕。尋伴話堂前。趁巢度妝閣。物生各有性。棲遲隨住著。沙渚[illegible]羣雁。松梢聽孤鶴。架枝有碧鸛。縛草者寒雀。不如此結搆。華屋絕繒繳。鼠黠穿屋壁。兔狡營邱壑。蜂房傍巖結。蟻穴憑地鑿。不如此依人。偏得宴息樂。乃知人世情。相逢愛笑噱。喃喃工細語。不類鴟鴞惡。慣賀大廈成。報信同喜鵲。雖無鴻鵠志。自足庇身略。

喜雨

心中密雲生。目中驟雨作。旅人坐書窗。無端境躍躍。一雨眞及時。三日如有約。出門望原田。萬頃烟漠漠。槁形變郊坰。綠意浮城郭。大哉造化功。分明賜秋穫。人心與俱安。客愁無處著。君看童與叟。色含豐年樂。

蠶烟

酷暑不安寢。蝨蝱復相逼。陡然起心兵。急於勦盜賊。怪爾挾長喙。芒錐利莫測。荼毒及生靈。毋乃甚貪墨。當其嘤喝來。厥勢猶孤特。繼乃若歸市。雷聲震耳側。行軍有火攻。縱烟法可則。毋教遠遁竄。謹閉環堵宅。一縷甫騰起。四周徐充塞。氣爓所薰灼。醜類已奔北。記室蠅是獄。張湯鼠可磔。薙氏掌殺草。田祖去螟螣。正如安良善。枉力屏奸慝。彼既悉委化。吾亦得安息。幻為漆園吏。忽到華胥國。

烏鵲行

鵲聲抑何喜。烏聲抑何惡。聞喜盡欣暢。聞惡咸驚愕。人情生愛憎。物理須忖度。烏得陽氣仁。返哺意勤恪。銜鼓集顏居宗舍屨寄許自緣稟性孝感召無紕錯鵲也得氣先知來獨踴躍慣施避歲智與烏故歡樂投卵烏巢中烏卵任探攫烏惡實慈惠鵲喜實殘虐流俗好獻媚意迷見弗灼行道福自求棄德孽自作吉凶理不誣誰謂由烏鵲一任日聒耳付之烟漠漠

列女操

死灰不復然破鏡不復圓妾身木同枯妾心金同堅木枯有時爛金堅常自全留此堅金心有時質九泉

弔董勿軒

前月得妖夢訪君一草亭草亭虛無人荊棘滿戶庭朝來一紙書得寄菴先生書知隕處士星塵土埋玉樹能勿清淚

零君如竹林逸半生少眼青難馴自龍性矯舉同鸞儔意氣無侯王疾惡思拔釘杯酒生芒角嫚罵誰能聽又如蘇長公詩才視滄溟長風破高浪萬里無留行有時翻鯨鯢濤聲發奔霆有時幻樓市惶惑無定形幾人稱奇士於君最心銘五華廿年別三度同醉醒贈我錦繡篇尚列雲母屏思君曲水涸望君玉山冥賴有客摻詩如蓄蘐與芥（寄菴先生力摻君詩固無失遺）騷壇樹一幟慰爾泉下靈

登慈恩寺塔

突兀聳孤塔創造儼鬼工似卓天一柱好挂千丈虹忽作霄漢想遂忘窟宅崇曲曲陟迴梯而面生烈風不覺詣絕頂呼吸帝座通往日奮飛鳥翻處下界中秦川十

萬戶直與蜂房同八水杳難辨終南接冥濛四遠迷積
氣身如倚晴空我方歷數層巳豁落落胷迫至躋其巔
所見彌恢洪因知學道心愈進愈不窮

陽朔縣

綠水直如絃青山曲如弓縣城如斗大何年置其中秦
人桃花源洞迷路難窮尋城者誰子吏隱將毋同

舟中望陽朔諸山

舟行不知疲佳山日入盼對峙千萬重與江相轉旋石
壁拔重淵煙巒淩碧漢蕭疎露遠天丹翠恰當面一一
爭雄傑怪奇形百變如彼東漢賢盡入黨人傳骨相無
媸媚氣節總傲岸慰我仰止心生我景行願佳山不厭

多五日看未倦

謁楊太尉墓

少聞四知言私心矢景慕及兹峯名區得謁夫子墓師尊徧關西忠正秉平素可憐事庸主國是迷不悟諍臣草芥如嬖倖腹心護愛恩思報國鉏奸成乖忤遂使夕陽亭捐軀緣忿怒或謂禍有由乃昧見幾故公輔盡高路朝廷誰楷柱生有三鱣集葬來大鳥顧物類感能通死後禮徒具欲去仍低徊崇坊豎驛路

勉留

知人豈不哲事後徒勉留此行如可挽將貽闒茸羞丈夫始慷慨富貴如雲浮焉能看眉睫矮屋常低頭昔我

本無加。今我得自由。君看陶宏景。句由何優游。

琴歌別友

明朝將別河之灣。我友屬我奏陽關。陽關和唱仍纏綿。如何淒絕生七絃。高堂置酒惟爾我。當前誰是解憂者。離愁已結未彈先。彈來能勿淸淚墮。是時月黑風雨陰。三疊未罷思推琴。雍門孫息有意鼓。不同伯牙山水音。

擬明河篇

露重風疎秋氣淸。銀河耿耿天中橫。靈源西瀉萬尋直。素練高懸一派明。銀河相去會幾許。長使雙星悲道阻。牛渚歸來秖自知。鴛機織罷誰能語。上界金精監下方。千門萬戶皆輝光。淺寒全射眞珠箔。淸影遥穿白玉堂。

此時思婦中閨處翩翻紅袖弄砧杵難將懶意聽秋聲只是閒愁對碧浦意懶愁閒罷擣衣箕尾之間星已移翠減紅消獨脈脈霜寒衣冷還依依昨抛金錢賣卜處征夫尚自窮邊戍人間別較仙家多那得一年會一度

辰州二酉山歌

暴秦之暴古未有敗壞井田開隴畝坑儒既已挨諸生焚書更欲愚黔首桃源人去攜全家四皓採芝伴煙霞二酉已作塵外想還將千卷結心賞噫嘻乎吾不知洞鑿何年書藏何人篇目誰記載籍誰傳燭天刼火不能燼不與秦氏通風烟多歷年所仍無恙應有六丁擁護神犬環門前君不見天祿石渠白虎觀一代才人爭豔

羨又不見汲冢曾壁存周書。鴻文密笈終必現。我生癖疾愛遺編。饞眼何由得一見。辰州溪水風增波。舟行正對山峩峩。盟莊海錄尚千古。以視二酉當如何。

侯家箐

昫町古郡滇後戶。曲江險要險莫伍。天關雙石作門闢。更教獅象名二山。抱關處。十里長峽兩行山。磴道曲曲三百盤。客子輿馬排雲上。箐深徑仄欲度難。怪石水衝衝不走。最大如屋小如斗。硿砑竟欲塞石橋。驚波相薄作雷吼。此地足當十萬兵。瞿塘劍閣同天成。當年包生計不用。至今血戰猶餘腥。

流寇犯臨安包平修議以重兵堵侯家箐當事弗聽臨城受屠

水輪

水車桔槔製造工。蜿骨刺水伏人功。誰置水輪倚隴畔。晝夜旋轉隨奔流。我舟一葉楚江過。隔嶺咿軋聲相和。輪高徑丈三尺餘。灌畦澆圃當工作。壅泉激水使輪行。水疾輪徐行不停。錡筒十餘輪旁繫。低昂向背無殊形。前筒汲水伏仍起。後筒相逐汲不已。石槽穩置接泥溝。一一倒瀉如脫底。今日如是明復然。轂外清流散原田。指日萬頃均沾溉。山中老農安且閒。天工奪時人巧出。觀蓬而製此遺術。有時膏雨沛千郊。不特人逸物亦逸。

拉船夫

行路難兮河之干。水勢陡絕長漫漫。船到上水行不易。況復山徑歷千盤。豈不賴篙師。全憑竹纜引向前。豈不遇順風無奈所值皆逆湍拉夫一三五不等視船大小相鈎連若值灘頭急而峻較其人數加倍焉我經鎭遠河兩岸皆峯巒蜿蜒石虬古崎嶇鳥道蟠拉夫傴僂行猨狖相躋攀重如千鈞一髮繫危如紙鳶一綫牽目不上視身不旋兩手據地尻向天頭先於足足不進跋前躓後行遷延況復三伏苦炎熱汗流似水滴涓涓爾身非金石胡不謀安便謂是習已慣久之骨力堅因知太行不爲險苟有其路可陟巔東海不爲遥揚帆無憂路萬千世人不睹拉夫苦且勿輕歌行路難

題董勿軒集

勿軒之狂狂也肆青雲不易幽棲志草亭笑傲數十春

直把人寰作游戲。仄視天地平海山。劍爲肝膽塵名利
禰衡善罵亦善哭。灌夫使酒兼使氣。時復一吐胷中奇
篇篇字字著瑰異。百斛鼎以獨力扛。萬里浪直乘風逝
波詭雲譎思無端。短詠長歌體各備。甫耶白耶夙所師
奚止彷彿什一二。披吟惟恐卷易終。此才眞堪斗石計
流俗縱然忌君狂。難禁君詩傳後世

督修河隄作

華嶽突兀撐三峯。七條河道如游龍。山口一一皆北向
齊入黃渭分道從。三月桃花防潰岸。仲春鼛鼓須興功
農本食天係綦重。輕騎巡覽毋疏慵。甚怪去秋兼旬雨
黃河汎濫橫相衝。截住渭河使倒灌。橫流不注潼關東

七條河道歸烏有。下隰別有支派通。百六十堡圍四面。萬戶如烏羈樊籠。災賑種借秋徵緩。歡呼咸頌　皇恩隆。嚴冬已遍水退盡。諸渠大半淤泥壅。岸時崩奔樹時倒。淵或停積沙或封。爾時四郊周流遍。目睹情形傷隱衷。麰麥尚多未種處。已種頗欲占年豐。茲邑頻頻罹水患。去秋罹患尤希逢。春麥收薄秋禾漫。驛路差繁民力窮。利河惟二（吊橋沙渠）害河五（方山蔥峪數水柳葉長澗）。何堪同時與大工。鳴鳩穀穀日喚雨。麥苗三寸方芊茸。爾手拮据豈不惜。再遭淹漬倉廩空。撐害取輕利取重。如人去患防養癰。併力早作綢繆計。無教貽害無所終。

義象家行

瀾滄江上波靡靡。鐵鎖橋邊烟塵起。安賊糾黨煽腥風。攻城掠地銳莫比。邊吏告警趨昆明。羽書飛馳調士兵。邦泰山麓振師旅。自天而下如奔霆。鐵腳蠻兒信勇悍。械標插刃前決戰。將旗一揮風雨交。陣腳纔移勝負判。突兀有物如山邱。奮迅騰踔向人投。數聲大吼疑虎嘯。噴雲洩霧天中浮。伸鼻捲賊不厭夥。天上高擲地下墮。四足蹴踏爛於泥。賊衆心驚氣乃惰。中有牙將快乘機。健兒逐北相追飛。凱歌歸來日已暮。此物勃勃尚餘威。可憐勇戰不肯退。毒矢交加已如蝟。鼻端竟出三升鏃。死後曾添萬人淚。豈無大敵壓封疆。食祿將帥相觀望。愧此銜鋒矢果毅。昂然壯士赴敵場。記得祿山宴羣虜。

努目不拜亦不舞。視此慷慨捐身軀。同有忠節留千古。
陶家累世篤忠貞。麓川破賊眞女英。（陶瓚祖母阿此日曩破麓川賊）
克敵得戰象。詎非感激物効靈。馬龍山南石碣聳。土人
戴德立象冢。君不見大府城北建崇坊。特筆書義書忠
勇。

一飯恩

一筲餌得官都尉。一壺飧得死士二。施者不在多。受者
銘肝肺。漂母眼獨明。能於困厄識奇英。韓信爲大將。一
飯千金無限情。如此知己得未易。如此報德快人意。謂
信忘卻封侯恩。天下後世爲稱寃。

營三窟

一窟負東海。一窟據江漢。一窟介其間。三窟期無患。是時王衍爲三公。國變曾不縈心中。聚族陰謀相脫禍。那識臣子有公忠。免兮無謂三窟足庇爾。一朝遇犬看立死。

奉白帽

道衍不屑作寺主。師席應眞通文武。覽古有詩薄南朝。生性嗜殺如病虎。燕王智慮先帝同。水底豈常隱蛟龍。一頂白帽親奉付。人方功業劉秉忠。開國元勳時無比。爲賑蘇湖歸故里。爲僧不了豈好人。詬詈乃有女嬃姊。

聞雁

小院人初靜。忽聞天外音。懸知遠游客。同此故鄉心。爾玉關山遠。我留霜雪深。孤懷無可遣。何處又清砧。

見燕

音問阻天末。家山入夢頻。忽來新燕子。如見故鄉人。雪作今年瑞。鶯鳴上苑春。帝城總佳氣。爲我報慈親。

中秋對月

猶是中秋月。長安今獨看。不因佳節至。未信遠離難。玉笛誰何怨。金風親舍寒。鄉心懸兩地。酌酒興闌珊。

春日卽事

逐隊靑門裏。望雲天一涯。宦情眞似水。客夢不離家。幽思憐芳草。孤懷付晚花。同人邀賞雪。聊與賦尖叉。

修夏烈女墓 烈女西安蔡家巷人美姿容性貞靜權貴某謀爲妾不可有沈某助之強

委禽爲女投環而死

權謀無用處彼美自深情一死泰山重寸心秋月明採樵誰立禁讀史尙留名此事關風化豐碑忍就傾

乙亥中秋

萬古中秋月清光絕可憐此生幾離別今夕復團圓酒酌華山畔愁生曲水邊不堪時疾痛諸姪邈風煙

新購經籍爲鼠所嚙

詎識其中趣千篇當夕餐秘書珍重切古本購求難卷啟文猶燦帙存緗已殘懷貪終恕爾警我及時看

長灘

一碧染秋煙長灘遠接天亂峯江面貼巨艦峽心穿到

眼驚澎湃乘風礙轉旋秖將忠信仗涉險若平川

寄孫鐵樓

我友鐵樓子十年天各方學難名一藝詩最近三唐和氏尚悲璞阮生空倒囊無能紓急難累日爲徬徨

哭姪元方

折到階庭樹難禁老淚多從游空歲月期望渺風波故里猶時疾邊方尚枕戈臨安江外猓夷復亂憐兄遲暮候當此復如何

過清河侯王猛臺

舊識幽棲處將臺今未湮深心存晉室偉績著苻秦中土方多事江東少此人憐君資敵國不作中興臣

立秋西安客寓

井梧纔落葉。人世總秋心。酷暑散天宇。微涼生樹陰。懷鄉滇水闊。戀舊嶽雲深。歸趁西風爽。林泉趣可尋。

曲江早春

嚴寒已歷盡。泰運忽天開。一笑桃花發。雙棲燕子來。煙光生曲水。佳氣接雲臺。余亦忘遲暮。行春數舉杯。

學館看落葉

層樓遙對白雲居。樓外霜林引興徐。屋角日聽聲淅瀝。枝頭漸見影蕭疎。頻通遠岫晴天外。細數歸鴉晚照餘。莫向西風更惆悵。雲林水墨落階除。

放鷓鴣

春霄晻曖應求友，曉樹溟濛定好音。野徑誰教施密網，故交持贈比珍禽。也知錦翼可人目，其奈雕籠傷我心。莫更再歌行不得，報晴報雨翠微岑。

對雪

鎮日棲鴉寂不喧，閒居罕見客臨門。分來月魄微生影，孕到梅花略有痕。最念窮簷棲白屋，劇憐高士臥黃昏。幽姿全擅三冬勝，肯掃繽紛付短垣。

秋日感懷

無邊秋色到平林，撥觸羈人感慨深。未免有情梁上燕，不堪側聽月中砧。結交願得百年好，入世難灰一寸心。酌酒澆愁愁復至，短長茲付候蟲吟。

牛頭山謁杜工部祠

錦里爭傳勝跡留。秦川祠廟又山頭。許身稷契心何壯。廑念黎元願未酬。運蹇平生嗟半飽。才高後死仰千秋。樊川杜曲今猶在。終較詩家遜一籌。

送孫鐵樓還浙

宛宛楊枝絮又飄。離歌一曲馬蹄遙。論交舊憶高陵雪。別夢今添浙水潮。堂上斑衣宜永日。匣中劍氣合淩霄。故鄉樂事知多少。好付雙魚慰寂寥。

入北山作 時之任吳堡

行程處處指星郵。今日翻成絕塞游。到眼風光沙草白。撩人意緒隴雲愁。塵封萬嶺山無樹。冰合千川水不流。

記得青門觴詠日。蠟梅幾點放枝頭。

哭董竹溪太史

曾因阿阮（謂君姪勿軒）涕交頤。不似哭君情更悲。志合誼深千里外。（有謂余飲酒使氣者君寓書規之）跡疏交憶卅年時。循陔隱念芳蘭識。出世清標野鶴期。我抱老成凋謝痛。遠來凶問動猜疑。

戊寅七夕

庭前瓜果又紛羅。問渡烏橋卻爲何。天上歡期難自主。人間得巧許誰多。梧飄金井秋聲動。月轉星河素練拖。我是名場最拙吏。雲車風馬任經過。

次章繡山韻

官最難居父母名。成句浪傳懷抱似冰清。有何實政施黎庶。正喜殊恩沛聖明。時閩蠲免歷年民欠春到潼津偕日暖雪蓮華嶽與雲平。年豐聊可安鳩拙。懶盼喬枝睍睆鶯。

尹淳化改教歸里

蓴鱸陡作故鄉思。正是精神矍鑠時。兩袖攜歸杞湖月。千篇剩有竹陂詩。花當全放看應倦。棹值横波返未遲。我亦風塵厭奔走。家山合與故人期。

庚辰立春

土牛出後話官亭。便覺陽春運不停。九野凍從今日解。百花夢向此中醒。雪殘華嶽餘虛白。麥入潼關放遠青。正是始和當布令。可堪迎送復勞形。

潼關迎送感賦

沿山雉堞與雲摩。隴坂高盤叱馭過。五夜角聲通晉豫。三秦天險此關河。爭王圖霸當年跡。送往迎來此日多。笑指希夷終隱處。三峰萬古鬱嵯峨。

嶽廟後樓遠望

保障關中亦壯哉。行人過此屢低徊。三峰華嶽雲中見。九折黃河天上來。地瘠南塬常歲歉。渠通北里有鄰災。況當孔道多征役。每觸瘡痍愧不才。

告歸抵西安

決計抽簪更不疑。箇中冷暖自家知。任延那解逢迎慣。何武徒留去後思。泛海妻能謀上岸。余有志還山內人云君性直且急宦海茫茫上岸誠得計也 摩空友亦諒長飢。同寅王雲門云仕宦告休多飽則颺君乃飢而颺也 從今求作歸來子。淵愧林慙莫詆訾。

雜感

年年風雨記幽居。不出戶庭知古初。廿二史中無實錄。十三經外少完書。觀人直以銅爲鑑。斷理還如髮就梳。遙想河汾古君子。鳴琴講道樂何如。非謂史書皆不可信謂其溢美溢惡之辭不宜盡信也

哭劉寄菴先生

昨曾清夢接光儀。忽聽凶音意轉疑。東國到今傳治譜。南中從此失人師。災傷滿目壘然駭。俎豆他年事可知。攻短更憑誰借鑑。蓋山瓜水動淒其。

送春感

一年一送春。為惜春光好。春去復春來。送春人已老。

重安江候渡

綠淨如油見晩江。虛舟風漾自春撞。岸東駐馬岸西望。出水獺銜魚一雙。

詠美人風箏

風骨珊珊絕可憐。人間何地著神仙。從來國色亦嘗有。不惜吹噓不上天。

滇詩嗣音集卷十

呈貢戴淳古村定　昆明黃琮象坤輯

吳　怡字友棠號和軒保山人乾隆王子舉人官鄒平縣知縣

目昏

正月苦腰痛二月苦目昏我年六十三過此安足論觀書愁細字看山誤遠痕譬如水照影攪入泥滓渾始則悄然憂旣復驩然喜大塊殊茫茫混沌而已矣姸媸太分明遇物多所抵不如觀大意空色知誰是默坐寂凝神冥悟從玆始

和王友霞鷟尾山韻

鄧州形勝此超羣汶濟波光一望分西界直窮梁灤樹

東來不斷泰山雲。秋高絕壑宜開讌。鳥下迴源聽論文。莫怪上方鐘磬急。離筵自古易斜曛。

冬日呈李復齋

木落晴巒面面奇。開軒寒翠撲鬚眉。門前草長荒村道。縣裏官居老塾師。豪氣漸平無酒債。交情惟淡始心知。試將匣內新磨鏡。同照蕭蕭兩鬢絲。

吳協　號寅齋保山人乾隆壬子舉人官四川新寧縣知縣從祀鄉賢

旅吟感懷

依依屋上烏。哳哳巢中雛。嗷嗷銜蘆雁。孑孑天一隅。羽毛昔未豐。慈親顏半渝。豐碩漸能飛。渝者日已癯。況復致倚閭。廑此不肯躬。亦知塵路坦。常將魂夢俱。春蒐秋有黍歡聚聊可娛誰令希祿養越國復過都悔是初生時懸之矢與弧男兒志四方家食非遠謨願割膝下愛聽子展鵬圖臨期僕馬來屢命駐斯須行裝檢再三仍患遺所需迻子以蓬蓽待子以桑榆淚含不忍下意恐動征夫丁甯愼自愛萬里多窮途豈不憚險遠輾轉病飢軀田舍空彈鋏齊廷濫吹竽蹉跎瞬廿八豪興得消無祇此寸草心終日徒區區

由屛山次副官村越平蠻二司赴馬邊任

猿嘯大崖巔煠繩往復牽過江鄉語熟蹤嶺地形偏戶小存茅屋毗多墾石田自慙非保障何以靖蠻煙（地近涼山）

戊寅五十初度

大衍韶光逝水流。服官今日在巖陬。稚心親養虛三釜。蒿目民艱乏寸籌。知命工夫難了了。無聞歲月竟悠悠。幸當瘠邑身猶健。聊把江山紀宦游。

游萬壽寺

岡巒疊護梵王居。十笏靈山望眼舒。野鷺銜枝巢古柏。僧雛墾地種嘉蔬。春流綠繞篁叢外。下墒青浮麥秀初。小住肩輿塵氣靜。僧房聊與話眞如。

梁州彥 號容軒昆明人乾隆壬子舉人官雲龍州學正

雲龍九日登高

愛踏名山不厭高。雲邊仄徑轉秋毫。登臨盡是同心客。慷慨猶題九日糕。象嶺千尋橫翠黛。瀾江終古走驚濤。

菊英采采堪延壽。不用仙家白玉膏。

施學夔 號心齋河陽人乾隆乙卯恩科舉人官福清縣知縣

八袠初度

年年佳日喜秋晴。八袠筵開共洗觥。五福最難惟壽考。一家何以報科名。折腰吏久忘官味。繞膝雛能學誦聲。自把殘篇消歲月。白頭依舊老書生。

李維新 號芑泉呈貢人乾隆乙卯恩科舉人官井陘縣知縣

井陘

斗大山城險。蒼茫接太行。天心分隘口。地勢鎖巖疆。軌轍通燕晉。烽煙閱漢唐。昇平今一統。萬里盡來王。西域孔通

劉　澍　字雨芳蒙自人乾隆乙卯恩科舉人官沅陵縣知縣

巫山高

森峯削立插天瘦。楚水迴波蛟龍鬬。矗矗雲氣粹白晝。十二螺鬟膩雲中。寒月逕影墮殘紅。臺下香魂夢春風。古祠荒寒野草白。子夜驚泣悲秋客。神血千年古苔碧。

氍毹

氍毹無復畫堂垂。誰把王家長物移。近水先防涼月上。隔山莫遣冷雲窺。香留一室春無漏。雪滿中庭客不知。竝坐十年君與共。還將餘暖蔭門楣。

方學周　號夢亭晉寧人乾隆乙卯恩科舉人官射洪縣知縣

登武昌西樓

萬頃風濤上登臨六月秋心同黃鶴去身與白雲留五笛人千古梅花月一樓大江流不盡芳草滿汀洲

送王西林回滇

何幸天涯聚三年此肺腸別離原我慣風木為君傷時西林丁內艱瘦馬層崖雨寒雞野店霜歸心知獨苦忍淚奉椿堂

促織

勞勞不知倦近逼短牆陰微意向誰語繁聲驚客心夜長燈欲灺風定漏初沈共抱情千縷秋深聽苦吟

過洞庭和嚴匡山

一棹東風過洞庭縱橫八百接滄溟水吞雲夢層層碧

帆轉君山面面青。放眼魚龍眞浪跡。側身天地亦浮萍。與君滿飲巴陵酒。流到湖西醉不醒。

段　鑣 趙州人乾隆乙卯恩科舉人

秦皇

普天浴怨蔓難除。豈是秦皇法網疏。銅鑄莫銷三尺劍。經燒還賸一編書。漫開雒水貪神鼎。空築邊城壯地輿。萬世金湯延二世。驪山烽火竟焚如。

趙景曦 字禹峰昆明人乾隆乙卯恩科副貢

感興

獻璞竟無濟。守株還自傷。醫空習盧扁。貧早中膏肓。海內無金穴。人間有玉漿。只應沈醉後。高枕即仙鄉。

陸　藻字江坪昆明人歲貢有覆缶詩稿

贈懷上人

種松五十年。禪窟就松掘。松風清道心。松脂鍊奇骨。夜深不入定。獨臥松頂月。

春可樂行

大地陽春行有脚。朝淩絕巘暮幽壑。天上人間一時新。四序何如春可樂。東風碧草煙溟溟。芳郊排列三稜屏。深杯酌處棃花白。短笛吹時柳葉青。好乘蠟屐便韶景。狂搜遍懸崖探異。不辭勞。香陌傷春暫息倦。松間枕石眠。栩栩夢游仙。驂鸞拔地三千丈。俯瞰城池小似拳。紅藤七尺青鞵一緉。五嶽絕頂盤旋直上。忽遇喬叔卿引

我朝玉京上帝問我何所欲願依三島讀仙籙雲房拍
我肩雲翹挹我袖沆瀣爲漿飯胡麻金芝初茁瓊花茂
霹靂乍碎青冥封掀波揭浪飛驪龍吐出珠光千萬道
射入雄奇磊落之胷中醒來拈花一側顧春暉返照四
山暮不知何處是元都宛轉紫庭失故步念我八紘須
臾回洞天夢裏亦驚猜世情何以異蓬萊人生及時不
行樂玉澗桃花空自開

愁霖行

君不見九月雨三十日去二十五倒井決河晝夜零田
中老父顏色苦郊原濛濛潦霧凝薄暮晻曨元雲增三
辰隱晦蟻封穴四星搖動豕出橧今年風雨失時節三

月風多穀雨缺。高田土亢不可耕。布穀朝朝叫破舌。低田就挹行潦注。差喜青苗取次布。發榮滋長望滂沱。卻又天心吝甘澍。祇今收穫纔及半。長雷乃從秋末貫。籌車不響水苦生。場圃初成伏泉漫。安得陽烏光頓輿。撥開霧穀撤雲緡。民力已竭飢殆甚。急舂玉粒添薪蒸。

薤露

天蒼蒼。野茫茫。委而去。山之陽。巒君鬼伯。其鋒莫敢當。髑髏不可與語。魑魅不可爭光。青燐照夜兮魂飄揚。梟獍啼煙兮魂悲傷。天蒼蒼。野茫茫。塊獨處此。使我悽以惶。父母思爾。何日能忘。魂兮歸來。聊慰我高堂。繐帳忽啓。如有人張。明星匿彩。雨滴槽牀。魂歸不歸。目炫惑兮凝望低見天蒼蒼。野茫茫。颼颼野風吹白楊。

孟冬六日文丈素存招飲近華浦有懷西浦孝廉

窮陰黯黯風蕭蕭。一片寒波天泬寥。愛客文翁能好事。買舟提榼相招邀。今年秋苦霪霖灌。十里長堤盡瀰漫。解纜纔穿青縠紋。停橈已泊丹楓岸。飛樓百尺凌幽瀆。鳧渚鶴汀了可分。勞勞倦眼睇沙嶼。羃羃橫山連海雲。海雲深處讀書宅。嘗與長公共晨夕。筆牀茶竈此經過。芙蓉鏡下柳煙碧。爾時豪氣傾懷抱。相約把臂登瀛洲。東泛滄溟西渤海。人間奇觀同遨游。閶闔天高雲路渺。分歧獨走長安道。兩年不見苦相思。子尙羈棲我潦倒。贏得閒身滯海涯。追隨諸父恣歡諧。繁絃急管洵堪樂。

落木狂濤亦復佳。莫辭痛飲琉璃盌。孤負東君情意款。
晩風吹面不知寒。和氣熏人自能暖。酒酣耳熱增歔欷。
滿目雲山何處歸。一聲風笛棹船去。枉羡賓鴻結隊飛。

壯游行贈葉四竹孫

吾少志遨游長年臥一邱。蠖屈求伸泥淖底。鶚飛不越
蓬蒿頭何如葉竹孫。著書小劍門。某水某山不肯住。浩
然氣直淩崑崙。早年策蹇驢。落拓辭鄉閭。校讐三詣天
祿閣。躋蹬還返南山廬。題扇書裙窮更奇。殺青裂素紛
披離。逢迎不少朱門客。輕薄豈無黃口兒。竭來作客關
山道。大河南北肆幽討。夕照晴分墟里煙。曉風吹徧驛
亭草。驛亭草綠可憐生。楚尾吳頭行復行。耒陽片紙一

時貴石鼓遺文俱眼明。芝岡拔地四千丈。七十二峰屢下上。仰攀天柱袖煙雲。俯瞰湘江吞泱漭。奇氣發爲文。筆端如有神。風雅別裁詩體僞。山川畫得江南眞。薑芽斂手一揮翰。游霧崩雲羅素絹。若非石室搜索來。那得李斯與相見。見說王師西廓氛。據鞍慷慨便從軍。行卷未乾筆上露。壯懷已指泰中雲。嗚呼輞川莊。樊川曲。自古名流此止宿。劫灰埽蕩繁華謝。勝蹟因之冷林麓。空餘司寇冠隆崇。金精元氣開鴻濛。好寫丹青寄牖下。聊當臥游齋壁中。

孟冬蘇亭旋永昌貽詩誌別次元韻

我生不能建牙纛。長年偃臥東頭屋。與世無爭與世違。

守拙甘受雎盱目。親朋零落車馬稀。滿徑蓬蒿根任宿。
蘇亭遠自江南旋。雅愛吾廬鮮塵濁。掃榻一開東道門。
解裝頓跋西窗燭。惟知促膝論琴書。不厭充腸具葵菽。
洗醆愧無公瑾醪。入林幸接阮咸竹。斂神會意誦君詩。
江淮勝概若親矚。列眉浮玉山峩峩。盈耳投金瀨蔌蔌。
二分月色佐詼諧。四望雲煙生卷軸。鄙吝方資晤語消。
忽念家山歸興觸。彼此贈別無他言。老去閒身期自玉。
婪尾杯未罄餘歡。僕夫執轡頻驅蹙。企思日與征鞍馳。
目斷雲停九隴曲。花萼編成紙價高。臨風望寄故人讀。

三月二十六日即事

九十曾無幾。闌珊暮景成。春如垂老別。雨作惜花聲。梅子彈風隱萍鬚刺水生。離騷不可讀。已是客愁縈。

送徐六新田歸松江

論文誼合甫經年。忽聽驪駒一黯然。霽雨溪聲鳩喚後。
夕陽峰影馬蹄前。繞江歌出澱山浦。吹岸香生蒓菜船。
自是江南好風景。還須珍重祖生鞭。

悼亡

俯看稚子恨無涯。五歲孩提便著麻。孤枕夢回聞索母。
空房月冷苦依爺。和丸那復能爲佐。靧面誰將雪作華。
恃有公姑隆撫字。肯教弱體衣蘆花。

報罷後十日友人招泛滇池

二十八年瘦病身。何堪蹭蹬打頻頻。未容科第有風漢。

豈可江湖無散人。紅葉已如垂老別黃花猶試過時新。
休苛便腹堅辭飲酒味中來已一旬。

萬松山

橫幅天然大米圖。不分遠近總模糊。午風過處綠陰破。
飛出一雙青鵓鴣。

山莊即事

高枕松風臥北窗。夢回清味在茶缸。荒村卓午無人語。
檐燕蹴花時一雙。

王　恂　號月軒呈貢人歲貢生

馬丈招游碧嶢

漢上龐公宅江邊杜老家。窗虛飛野水。徑曲繞林花。課讀閒開卷支鎗自煮茶。山林多樂趣頓覺厭喧譁。

碧嶢楊升菴先生祠

撼門一哭戍窮邊。目斷刀環四十年。博物張華奇自賞。愛君杜老瘦誰憐。祠荒夜雨來山鬼樹密春陰叫杜鵑。寂寞花龕遺像在蕭蕭兩鬢鎖蠻煙。

黃葉

煙寒露冷漸成霜。水畔山坳樹樹黃。變態有誰能早覺。衰顏如我竟親嘗。還堪點綴高林杪。幸未飄零古道旁。傳語行人莫惆悵。聊爲好景映斜陽。

送戴芷田赴蒙邑幕

強攜書劍逐風塵。去住艱難此日身。宇內鍾情惟我輩。

古來多恨是才人。板橋霜重牽懷遠。野店燈昏惹夢頻。
亦欲拋家拋未得。知君到處盡傷神。芝田悼亡子女俱幼

丁卯元旦

可奈佳辰不自禁。病妻默坐與沈吟。黃泉杳渺三年恨。
白首淒涼一樣心。遞轉時光春復至。頻增歲序老相侵。
開顏且勸屠蘇酒。好看松枝雪後森。

懷余斂齋

立雪程門共樂羣。蕙叢蘭畹接清芬。平生友誼誰知己。
半世師資獨有君。屈指韶華成逝水。驚心故舊似殘雲。
何時攜手同行樂。默坐空堂對夕曛。

陋華山房看芍藥贈僧

習靜何須爇妙香。廣陵仙品列成行。禪心漫道清如水。日在腰金衣紫傍。

萬恩傳 阿迷人 歲貢生

銅瓶錠歌

昔有銅瓶與銅錠。今作銅瓶銅錠歌。鑄日紅爐經百鍊。誰人掣置東山阿。東山猓獛攻傍甸。蓬頭跣足垢身面。短衣左袒插三標。豐草長林連弩箭。到處征鼓聲逢逢。四百煙村散亂中。賊勢猖狂急難遏。誰能平定旌殊功。侍御鄉公來作撫。元戎先講軍師武。豺狼當道避埋輪。狐狸穴居揮繡斧。一時烽火報平安。貢羽征人奏凱還。劍戟銷為農器用。王師到處恩如山。吏將平定寓名義。

範銅鑄成瓴錠器。新息之柱武鄉鼓。千載勳名照天地。
蠶叢手闢萬重山。遺跡塵消寇盜間。瘴雨蠻煙何處是。
黃金莫惜鑄公顏。

嚴　烺字存吾號匡山宜良人嘉慶丙辰進士改庶吉士官至甘肅布政使有紅茗山房詩

陳臥廬明經畫梅見寄賦此答之

臥廬先生性好石。作書往往稱石癖。有時得意寫生綃。
石畔梅花橫數尺。高枝窈窕低枝斜。老榦垂垂盡作花。
冰魂貌出人不識。臨風一幀寄天涯。天涯競說春風好。
甜雪甘霜逼人老。韋杜城南看落花。蓬萊山下餘秋草。
朔風蕭蕭雪作堆。歲寒三友空徘徊。只疑噭倖來雲鶴。
不見懷人寄嶺梅。把酒昏黃望明月。青山萬里思飛越。

欲尋仙客問來蹤。曾否筵前花早發。憶昔與君共住山。破帽芒鞋水竹間。一枝愛向東峰折。十月偷從北郭閒。幾年笑踏東華土。一別梅花如暮雨。孤山遙隔只堪憐。誰抱寒香臥石戶。披君圖畫勝披雲。雲華滿紙香氤氳。相思一夜窗前影。人與梅花兩不分。

大別山

振衣凌絕頂。江漢入雲中。野渡仍仙蹟。空山尚禹功。煙蕪曾肅廟。花落息嬀宮。弔古頻來往。滔滔水自東。

自施秉舟行至鎮遠

鳥飛不到處。一葦駛如風。仄澗生天險。懸崖落鬼工。雨絲泉出樹。雲影石當空。攬勝恣高詠。山城夕照紅。

舟中聽雨

向晚煙波闊扁舟春水生瀟湘一夜雨江漢十年情紅燭寒仍暗青山夢易驚忽聞北嚮雁桅上雨三聲

寄錢芷汀少尉呂堰驛

見說官居寺蕭然似奉祠楚山青入畫（芷汀工畫）名士老能詩歎亂烏棲後懷人雁過時歲寒好珍重莫漫感棲卑

再宿遮陽鋪

山中日已瞑向夜馬蹄催犬吠知村近溪喧訝雨來然燈穿窈窕望月倚崔嵬再借茅亭宿松關夢幾回

哭麗京弟

半世為兄弟相依未十年窮途同患難蚤歲苦迍邅疾

病常如此。功名亦可憐。豈風何太急。吹散小游仙。

無母惟瞻父。淒涼八歲兒。先母張太恭人卒麗京甫八歲同心吾與爾。勵志友兼師。椿樹三冬隕。時先大夫去世秋風九月悲。那堪長逝日。卽是哭親時。先母張太恭人以九月二十九日酉時去世麗京之卒月日時同之

促織

牆陰籬下響應難。札札西風夜正殘。壁月自明機杼暗。銀燈常照翦刀寒。夢中錦字紋偏密。客裏衣裳夜覺單。最是無人長聽處。滿天清露溼闌干。

襄陽

滿城初日隔江紅。人到襄陽旅思空。地入楚疆猶似北。水來天漢自流東。道旁亦有徐元直。市上應無龐德公。

隳淚碑前更惆悵。峴山草木幾春風。

晚至清溪縣

林木蕭蕭風正催。斗城晚景亦佳哉。鳥銜落日歸山去。馬踏飛雲過水來。地迴漸虞黔道險。天清遥識瘴煙開。五溪行到源頭處。萬里關河首重回。

循化城

一路羌零鞠跽迎。停驂似到化人城。林梢落日冬無影。河水流冰夜有聲。撥盡爐灰諳宦味。聽殘戍鼓識邊情。開軒莫唱關山月。且看蕃兒獵火明。

劉玉湛字露亭蒙化人嘉慶丙辰進士官刑部員外郎有退思齋學吟

自徵輓詩

人生重別離。遠行必送之。送行必有淚。謂是分手時。況當永訣處。親朋淚更滋。淚滴我身後。我已不自知。何如我生前。有淚且預支。或歌三疊曲。或吟薤露詩。使我讀罷後。尚能飲一卮。

自輓詩

問心底事果愁予。歲月蹉跎四十餘。有願還期來世補。無才已愧此生虛。徒餐　御廩多年粟。空讀人間幾卷書。夕死甘心原不恨。未能聞道恨何如。

別家

辭家幾載宦神京。一事而今竟未成。苦盡甘回都是夢。離多聚少總關情。欲圖後會期來世。已誤前緣過此生。

百歲到頭終有盡。安心隨遇不須驚。

乙丑除夕告存詩

浮生偷得尚離家。今夕何能不歎嗟。萬里關山留雁跡。
幾番霜雪護梅花。當前自信心猶壯。此後難言路正賒。
惟有及時勤檢點。休教他日恨無涯。

寄慰兄弟妻子倒疊前韻

幾番疑信定心驚。那料浮漚得此生。身在可憑書寄意。
途長惟有夢通情。漸添白髮年將老。欲買青山計未成。
今夜遙知相憶處。同依北斗望 神京。

偶成

槐陰滿院雨初晴。樹色漸含秋氣清。去日漫將來日補。

新愁又接舊愁生，悶時飲酒偏忘醉。夢裏還家不記程。自愧無才空戀棧。此身何以答昇平。

送譚貧圃同年分試楚南

梁棟而今作楚材。初基勿壞更深培。操刀莫試新鋒利。製錦須尋舊樣裁。欲養官廉惟學儉。善求民隱不矜才。茅檐若得春風滿。勝似桃花一縣開。

閱擔當和尚詩偶題 俗字唐大來晉寧人選貢在點蒼山感通寺爲僧

何難萬里自飛騰。底事空門覓佛燈。將相初階原是士。英雄末路半爲僧。興來詩得超超著。醉後禪參上上乘。想到心無塵點處。蒼峰高處月初升。

蕭韶 號一廬劍川人嘉慶戊午舉人官新興州學正

署中感懷

記別家園日已深。客途那得覓知音。六年宦味三冬雪。萬縷鄉愁五夜心。

趙景濂字學周昆明人嘉慶戊午舉人官臨安府訓導

署齋感懷

薄酒不成醉。朝朝苜蓿盤。三年辭故土。一命就微官。冷落青氈敝。蕭疎白髮殘。深宵夢滇水。煙雨戀漁竿。

滇詩嗣音集卷十終

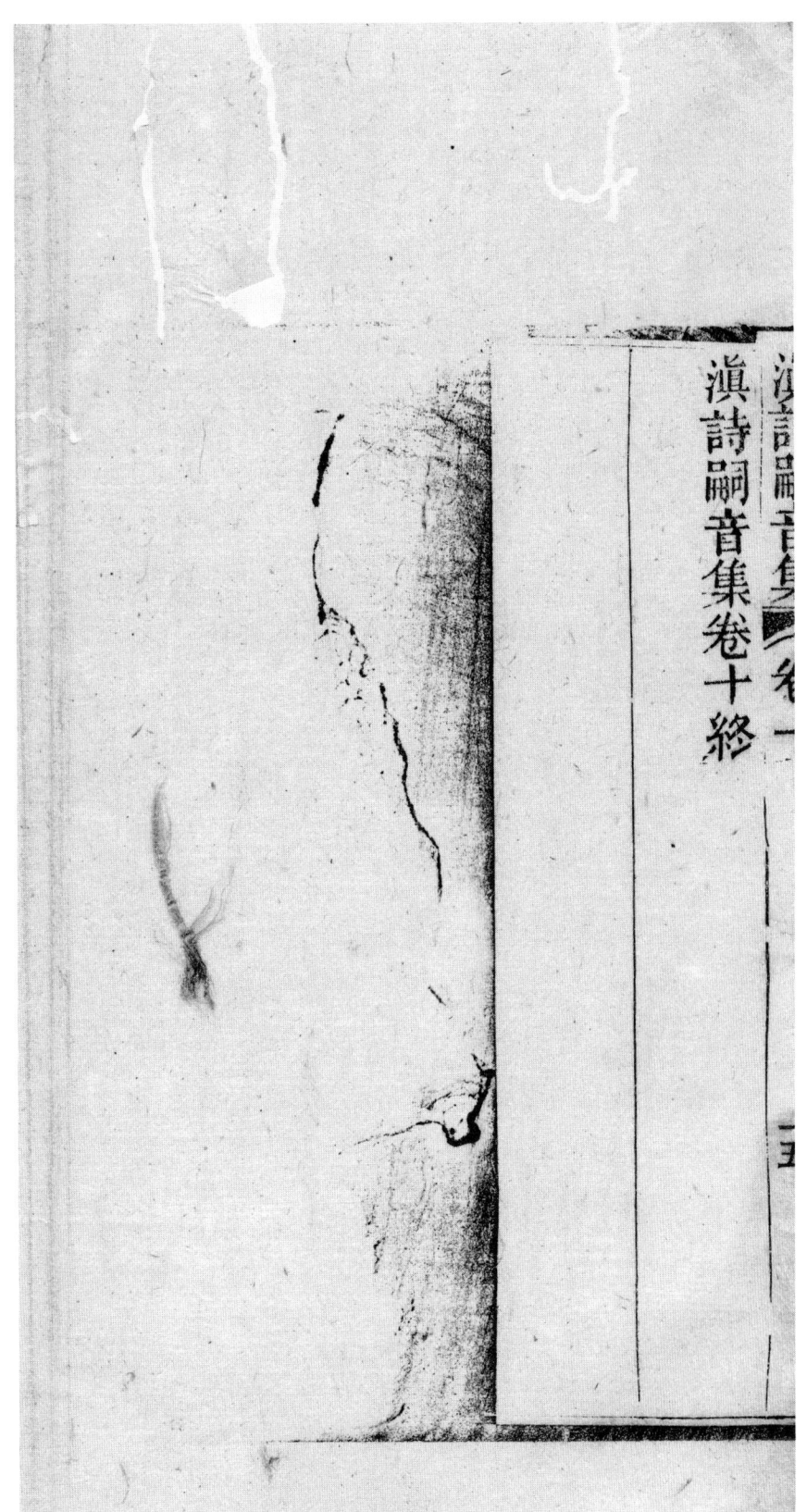

滇詩嗣音集 五

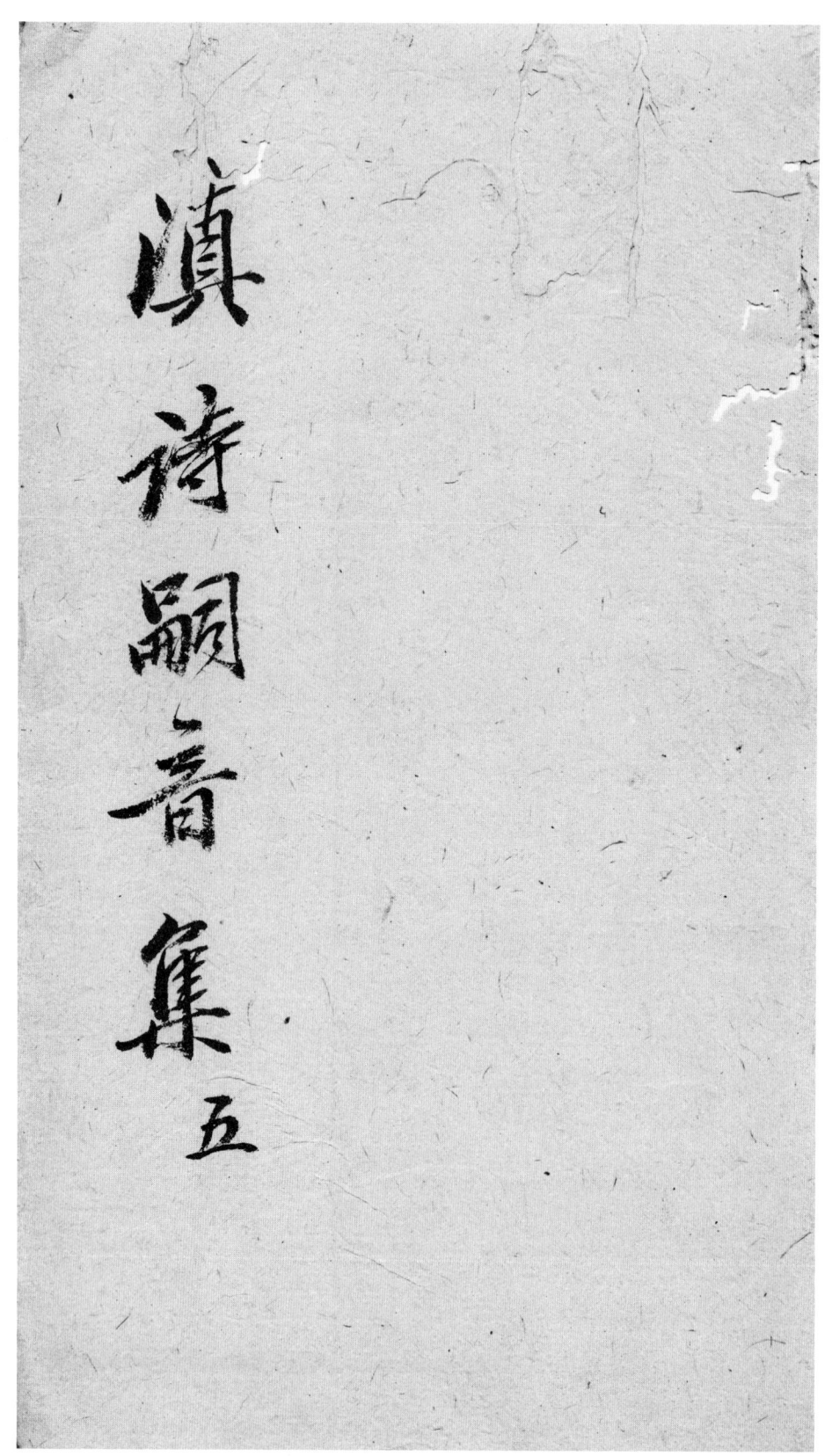

滇詩嗣音集卷十一

呈貢戴淳古村定　　昆明黄琮象坤輯

王　崧　原名藩字伯高號樂山浪穹人嘉慶己未進士官武鄉縣知縣有樂山吟江海集備徵志

于役還宿故城鎮

化以官爲家遠役如遠客役罷還所官如客返其宅玆鎮經過頻風雨數晨夕夏去秋來歸川原未改易短榻禪堂偏棲息素所適燈火羅道周炳照馬蹄跡父老競趨拜慰我樹勞績青青子衿徒捧手問所歴我行雖云遥輸將責已釋獨是十萬金遞運更遐逖戍卒長城西待之貿粟帛旣去不復迴正似虛牝擲府藏日匱空荒徼日富益餉遺無已時公私共窘迫誰採充國謨力上

屯田策軍飽民亦安內財免外析長途相識稀懷抱久鬱積得見部隸民會何異親戚往復問答間童孺伺門隙且窺且相語容顏尚如昔憶昨初來時溫風聽鳴鶪及今屆瓜期於中間行役編氓視子弟所愧父兄澤旅退更亦闕舊月耀新白

還山自嘲

出山爾何意還山爾何為可是山中學用於出山時縣令治百里教養皆所司試問十年內果否一一施志不在利達退閒固其宜往日書滿載來仍書自隨點蒼山之北鷦鷯有棲枝故巢未遽毀當復誅茅茨夙昔魏闕心勿因江海移蹉跎歲月晩容顏日夜衰雖具葵藿性

奈匪松柏姿。山靈儻見詰。能無慙恧滋。

陶唐古井行

平陽昔是伊祁都。相傳城北爲康衢。不聞擊壤聲歌呼。茀見巖瘠纍纍臨溝渠。道旁有亭下有井。碑碣陶唐氏號炳。水深百尺轆轤廢。我欲汲之乏修綆。或言井水苦鹹不堪酌。當由地脈已改泉不冷。嗟嗟地脈安足論。惟看人事殊觔繁。古之民力所用止耕鑿。出入作息隨朝昏。自從政治尚遠略。四海中外通籬樊。征戍斂發禁壅滯。轉輸供頓驅黎元。閭閻日日盡夫出。豈有餘力營飽溫。卽如此郡本屬帝堯里。含哺鼓腹古所美。何意康衢卽在大道側。車馬馳驟鮮寧晷。上自節帥下簿尉。僕隷厮卒接踵跳一人動役千百夫鞭撻誅求任指使臨馭非無矜憫懷速求集事詎得已伊余行役汾水濱夏扈正趣耕鋤辰農畂趨事奔走頻揮汗如雨凝爲塵吁嗟乎飲食同茲平陽民古何暇逸今何紛不見堯民見堯水徘徊井畔空斜曛

喇嘛僧

喇嘛僧出京都黃衣黃冠黃幄輿一軀高坐百夫舁貴戚翊衞武卒趨逶迤直向秦川徂時當五月農隙無共輟田功治道塗治道塗平如砥番僧來時側目視若輩巖棲谷處陟嶺越巘手足胼胝今何如此行人語役夫勿嗔且當喜彼仗佛法將使汝不耕而穫室盈止彼法

誠廣寬。即今一僧過便教千里泥滓化平安。一切無爲法。應作如是觀。

倒栽槐歌

靈荄不願植平地。飛上青天擇位次。偶值天門扃未開。暫託塵埃逞奇肆。榦擢金莖刪繁葩。根張華蓋織蒼翠。不惜埋頭泥土中。作勢淩霄待風利。待風利。將騫騰詎必傳種樹由高僧。彼僧豈有顛倒造化手。能使上下本末乖其恆。我聞古槐根下蟻成國。怪變生人被幻惑。又聞自地以上皆爲天。虛空如水魚如仙。槐兮槐兮植根在天際。蚍蜉欲撼罔爲計。屈蟠盛大無地容。結體敷榮仗天勢。

讀查氏一門九烈傳

寇氛入城神鬼悲。死賢於生生奚爲。不肯降賊眞鬚眉。巾幗何遽甘遜之。我讀查氏一門九烈傳。如見貞魂毅魄捐軀時。查氏娶周位家婦未亡人樹中閫儀。弟妻張氏妾廉氏奉事孀嫂聽指揮。大姑嫁黃亦早寡。攜其弱女來相依。周張女三黃女一。廉復有毋傷孤羇婦女九人守門戶。有孚威如同歡嘻。那知禍變起倉卒。男兒奔竄靡孑遺。周菱痛哭謂婦女。我已誓死無游移。身名榮辱在頃刻。汝等決計休遲疑。張娣唯唯四女侍。解帨結繯含淚持。黃姑廉嫗及廉簉。矢願赴義甯敢違。周如元帥執大纛。眾則健卒齊追隨。繫繩堂上似列幟。九命竝傾尸纍纍賊至審視果非詐相顧駭愕紛掠貲家人日暮始歸殮二尸復活咸稱奇縊者九人活者二十二歲女偕廉姨吁嗟乎靦顏從賊者伊誰榮辱所爭止頃刻共言可作千古規君不見榆塋莊前七烈祠

過郭有道祠未得展謁

壁水崇儒效桓靈得仰成運移風自正朝濁野偏淸黨士徒蒙難玉人無愧名仙舟猶未上傳吏已催征

新正詣州途中作

山郭風初暖晴郊雪漸開計年驚老至撫景愛春回村擊迎神鼓人攜獻歲醅兒童遮道拜共說縣官來

幷門治裝歸里

半生常作客。此日忽言歸。家具惟書卷。年光似夕暉。手攀春岸柳。心戀故山薇。待到舊城郭。應同丁令威。

晚泊玉屏

維舟巖邑畔。傍樹避炎氛。笠已霑黔雨。衣猶帶楚雲。西南初闢戶。由黔入滇路始此縣師友感離羣。檀默齋先生張介侯同年曾官此坐對波光靜。哦詩到夜分。

青家驛次張二如題壁韻

三千里路盡通津。郡邑連延記不眞。到處雖無相識侶。題詩半是過來人。題壁多轉餉藺州之作每經幽谷渾忘夏。纔見垂楊便覺春。聞道前途渠水惡。前有七十二道腳不乾之說青家驛裏客愁新。

都門雜興

空帶南中五色雲。三山縹緲隔塵氛。荀卿非相徒饒舌。李廣違時自後軍。抗疏何爲傳鵩賦。彈冠枉用覩龍文。劇憐釋褐還披褐。廊廟江湖兩失羣。

青箱世業寄遺編。手澤猶存愧象賢。掌貯明珠心獨苦。門容駟馬志常懸。風塵擾擾馳輪轂。松柏蕭蕭繞墓田。十載飄零虛薦饗。白雲回首淚潸然。

萱草端宜樹北堂。小人有母不遑將。春暉愁見莪蒿改。棣蕚艱供菽水嘗。陟屺青年驚似矢。倚閭白髮想如霜。微衣仍是來時物。忍看鍼痕淚點藏。

凜烈霜風妒鶺鴒。生離死別各零丁。書倉少粟三人瘦。

蒿里無家一樽停。少弟琮旅卒龍陵未得返葬。追憶芳園韡韡何
堪旅夜燭熒熒。關河阻絕池塘夢古雁哀鳴不可聽。
雙棲海燕忽分飛。山上蘼蕪採欲稀。春苑看花傳錦帖。
寒宵織素理殘機。囊砧慣作匏瓜繫。菅蒯慙無翟茀輝。
早識升沈第如是。何妨相對泣牛衣。
百年應作刹那觀。多病拌難萬感攢。事足輸人能有子。
身輕幸我尚無官。行蹤到處皆雞肋。家信經時斷雁翰。
所可周旋惟夜月。清輝欲玩怯衣單。

自笑

自笑悤悤賦遂初。因循到老尚拘墟。延年不用還丹術。
娛目惟憑插架書。夢繞關山疲馬度。醒看蓬蓽紙窗虛。

門前縱有高軒過。寂寞揚雄只自如。

響水關

有水名蘭谷。蘭枯谷枉名。惟餘橋下水。晝夜不停聲。

夢朱雪君同年

都門一別歲頻更。衰健升沈寤寐縈。覺後中宵窗外雨。瀟瀟猶是對牀聲。

劉陶

楚雄人嘉慶己未進士禮部主事改補伯縣知縣

夜

孤燈對影共徘徊。無那心情似溼灰。坐到四更殘月落。眠投一枕故人來。高談舊事言猶在。細述新愁醒費猜。更欲垂眉尋好夢。鄰雞曉角苦相催。

楊桂森號蓉初石屏人嘉慶巳未進士改庶吉士官至開州知州

拾柳婦

拾柳葉將葵煮葵味甘妾心苦持樓帚攜筠筥莫挖根傷傍土莫折枝牽別縷拾柳葉妾心苦

述古

潛魚漾春渚高鳥集廣林秦苛而漢寬興亡理可尋法密盜多有念刻禍亦深雲雨霈初陽冰霜成窮陰安得久元會長歌南風琴

柬許心北同年

烏鵲噪棠樹王貢慶彈冠嗟我十一子風塵苦泥蟠雨露無私澤榮枯分所安昔聚京華日竹立玉琅玕共詡

志稷契立功姚范韓而何鷹隼散各念鶺鴒單君飲燕湖水我棲爐峰巒我運允輱軻松楸悲心酸衣奔又食走橐筆足永歎寂寂子雲宅不知天地寬丈夫飽經濟甯爲古人難桃花春仍落松節冬不寒所以屈伸蠖古人稱達觀昨日拜端綺得自九霄翰上言長相思相思兩情殫我占易兌澤君歌詩伐檀我歌毋尸饔君歌南陔蘭何以報君親無忘此衷丹

題王繼之幽篁鳴琴圖

冷絃動修竹一庭綠意深此時意想間俱忘竹與琴既忘竹與琴豈復問知音別情識與古披圖豁胷襟

南甯義婦楊把氏詩

南城古靖州西峰矗千尋把女生其間義氣逼孤岑自
從笄字來緜緜繫臂深夫疾欲悔誓妾聞痛椎心澤鵝
不忘水山鴷不曠林願爲盟鷗信學此鎔鸞音烏羊旣
成禮緣蟻相對斟揮泣覓竹筍引淚拂柴簪漆身日以
固癩頂日以沈淒淒寡鵠鳥寂寂單鳧禽雪骨凍寒梅
霜閨茹苦苓貞蹟播桑梓鴻篇麗瑤琳賢侯重表式風
聲樹自今

懷張柏軒同年

梅雨滴淅淅緑草盈庭階得閒此靜坐物慮杳不來我
身無羈束我心無嫌猜澄澄望曲水何時對舉杯

題張鷺階雲癡詩鈔

扣舷櫂歌發楚山靜微碧灘淺漾淪波楓寒漏林隙鄉關度雲遙客思壓霜積行舟兀坐紓入戶日光窄展篋披縑素清吟聲金石奇氣自輪囷明月無行跡有時寄鬱騷藹然樂縱適始知史蘊精全資選體益旣重還舐速敢將獻帚惜悵望波羅江冷映西嶺白

伏城驛中秋

一樣團圞月分來兩地看老親增想望客子祝平安幾歲青衫溼長宵白露寒何時歸去好堂上勸加餐

懷谷西阿前輩

鶴骨清標峻烏臺秋氣森太平資白筆直語盡丹箴伸屈偶然事治安千古心苴蘭諸故舊臨發感偏深

李　洋 號南樓麗江人嘉慶庚申恩科舉人官訓導

寄弟溶川

闗下分襟後三年隔玉河自傷兄弟少況復別離多未了平生志其如遲暮何鄉園二回首空負脊令歌

倪　琇 號竹泉昆明人嘉慶辛酉恩科進士改庶吉士官至興泉永道

上蔣礪堂相國

廿年企望始瞻韓元老風裁禮數寬國計獨參樞密重封圻壘掌士民歡誰知黃閣三公貴仍似青燈一士寒當代名臣容細數後先輝映兩文端謂西林望山二公

趙　棠 字惠南號漢村南甯人嘉慶辛酉恩科進士

山村

青山回抱水橫斜。亂石爲牆一兩家。此地有人能種竹。
野桃無主自開花。犬來籬外先迎客。蜂在林間靜報衙。
欲問白頭扶杖叟。可容結屋共煙霞。

吳毓寶 號曉舲昆明人嘉慶辛酉恩科進士改庶吉士官武清縣知縣

別保定

出自蠡吾門。首途邐南郭。海日明曙暉。林煙散迴薄。
柳綠河橋。雜英帶村落。節物氣已新。吾生謀獨拙。長歌
歸去來。身世將焉託。

守風南康游廬山

昔泛木蘭舟。弭棹潯陽郭。問訊匡廬君。白雲滿林壑。欲
往從之游。塵事苦束縛。揚舲客竟去。北轍適京洛。一從

入青門。久負白社約。時時夢見之。惝恍極寥廓。白鹿導
我前。五老揖相向。手把青芙蓉。招要入丹嶂。足踏淸瑤
流。忽在碧雲上。飛空步石梁。高與青天抗。下視不見底。
但覺雲盪瀁。泉流松樹巔。直下幾千丈。蜿蟺飛蛟蚪。出
峽勢奔放。徘徊矚屢移。奇離不可狀。悠悠四十年。幻景
毋乃妄。適從彭蠡來。泊舟山水縣。秋色朗重湖。廬山見
眞面。策杖襆被游。茲焉愜素願。緣濛披林藿。杳窕度溪
澗。松篁鳴笙竽。薜荔挂巖棧。林逕相蔽虧。煙嵐遞隱見。
雲中五僊人。霞裳微約袖。曲折遶芝田。威紆過鹿洞。往
跡千載餘。俯仰彌增重。前行歷陂陀。登頓殊未已。扶筇
上翠微。頑健差自喜。出谷見人家。籬落秋光裏。更訪六

朝僧。來聽三峽水。噌吰吼瀑泉。漰轟聞數里。陰森白晝昏。颯沓風雷起。濺沫散煙霏。射日光紅紫。懍乎不可留。卻顧足屢徙。流連歘鏊暝。涼風動虛谷。夕鐘遞巖扉。晚就僧窗宿。野衲喜客來。殷勤設茗粥。峰銜月半規。夜氣清如沐。靜証妙明心。脩然遠壒墣。歷覽窮幽探。猶疑夢中至。風景故依然。深山了無異。乃悟清淨因。久結山靈契。歸臥白板船。別寫廬山記

七月廿四日丁興齋學士招同李秋園黃月軒兩封翁廖韻樓觀察龔葵圃太守楊蓉初保紹庭兩刺史劉對山孔魯瞻劉漆圃李橋東歐盧舫孫璞山諸大令戴梅伴博士張園雅集

人生踪跡如摶沙。東西南北天一涯。亦有款段不復去
鄉里山林泉石耽幽遐。負郭之田五十畝。泥塗軒冕安
耕畲。如此清福不易得。斯人吾與何以加。謂秋圃月計軒梅伴
偕萬里赴京國。川陸踄跋舟而車。意氣飛揚正年少。名
場儆逐爭矜誇。霓裳同聽蕊珠曲。東華盡看長安花。讀
書中禁直。蝸陛爐煙旖旎縈巾紗。謂蓉初韻樓興齋分曹雅
重仙郎譽。朝衣薰護朝曦赧。含香奏事明光殿。風流題
韻無肩差。謂韻樓辦裝去作幽冀吏。應官晨聽樓鼓撾。風
塵弛跡苦不暇。沈迷簿領惟紛拏。折腰束帶不得意。黃
紬臥擁呼放衙。謂虛舫璞山崎嶇更出居庸塞。星烽霜磧鳴
悲笳。黃榆衰柳暗關路。黑山鐵立森峪岈。時清不復事

征戰。邊城井里敦桑麻。謂蓉初兼自謂也 姑臧遠出蕭關路。征輪轆轆搖碨硱。秋風八月百草折。崑崙陰雪飛寒葩。入破伊涼裂羌管。瀧水嗚咽黃雲遮。謂葵圃漆圃 幾人出守山水縣。甬東淮北西邛巴。山川轇轕數千里。風帆雲棧關河賒。謂魯瞻紹庭橋東對山 諸公忽動鱸魚思。拂衣命駕鄉關奢。山中松桂日已長。猿鶴迎人棲林樾。抖擻塵土冥人事。浮雲曾眼皆虛夸。眞率再舉洛中社。高年意興淸且嘉。我歸遠自蟒蛸塞。頭顱如雪森鬖髿。石田茅屋竟何有。羌村獨處懸匏瓜。故紙堆中覓生活。低頭捉字箋蟲蝦。幸逢勝餞陪杖履。爲主人壽歌皇荂。是日爲興齋壽辰 百年如寄且行樂。行廚排日開樽汙。不是莊園便佛刹。摟挐竹樹參禪那。碧筩杯注卯時酒。赤銅椀瀹丁坑茶。竟日清談樂情話。兩耳淨洗無箏琶。更倩伯高寫生手。貌我老狀同枯槎。請君放筆翦鵞絹。置我邱壑林巒窊。

晴川閣

武昌門外帆初落。渡江再上晴川閣。秋色高連大別山。濤聲直走漢陽郭。卻月城邊鸚鵡洲。渚煙汀樹日悠悠。芳草無人空自綠。滔滔惟見水東流。

白水河觀瀑布

銀河倒瀉東海東。玉虹下飲馮夷宮。連蜷怒吸滄溟水。噴薄雲霧揚天風。山移石走逞光怪。不知幾千萬里成奔洪。懸流下注數百折。陰森幽壑驚蚪龍。白練界破青山色珠簾倒挂垂箜籠初疑飛花歷落濺晴雪神仙玉戲來天公第見橫空硬雨激銀箭鞭箠玉虎驅豐隆似聞黃帝張樂洞庭野噌吰鞺鞳鳴鐘鏞如觀蕭王結陣昆陽戰弓刀鐵騎相擊衝此景奇特得未有絕非人力眞神功當年神禹排決想未至乾巛橐鑰開鴻濛山鳴谷應千萬載惜哉遠在烏羅銀甸苗蠻中憶昨艤舟彭蠡入廬阜撥雲遠踏香爐峰飛泉灑落幾千丈寒聲長挂東谿松八月觀濤曲江岸素車白馬來何雄放眼第見天地白銀濤雪浪排長空及此而三各異狀造化狡獪羞雷同嗟予往返萬里六過此疇曩年少今成翁每欲留詩紀奇跡愧無好句愁難工歸來又復見此景半

生蹤跡悲飛鴻抽毫疾書摩崖字空山一任雲苔封

村寓步月

閒步荒圩月孤吟夜氣森過江爲客久多病到秋深野岸蟲聲急空林鬼火陰悄然村柝靜風露溼衣襟

秋郊晚眺

落日下平蕪蕭蕭涼意生夕陰沈遠岸潮響入孤城海上一爲客天涯空復情荒原獨延佇迢遞暮雲橫

靈隱寺

異境闢空曠琳宮閟翠微泉聲穿石冷峰勢挾雲飛海日下幽壑僧鐘沈夕扉上方香侶散緩步踏花歸

鄱陽湖

八月平湖水。蒼茫入杳冥。氣吞吳楚白。山入蜑巒青。波浪兼天闊。魚龍帶雨腥。秋帆風力飽。萬里獨揚舲。

君山謁湘妃廟

鸞馭幾時還。蕭蕭苦竹斑。泉聲咽瑤瑟。秋水浸螺鬟。帝子竟何處。滄波相對閒。靈旗風颯颯。幽怨鎖空山。

登岱

丹梯盤曲淩紫虛。銀宮金闕仙人閭。苔碑蟲篆秦漢字。芝函玉牒封禪書。天門西連碣石迴。海日東上榑桑初。七十二君紀鴻烈。無懷之世知何如。

瓜州夜泊

河梁惜別放舟遲。瓜步停橈月上時。津火遠明京口驛。

夜潮寒打佛貍祠。山橫北固遮淮甸。城擁南徐扼海涯。
明月片帆揚子渡。兩鄉心事萬重思。

述懷

鸞飄鳳泊任沉浮。身世眞如不繫舟。白草黃雲關塞夢。
寒潮疎樹海天秋。欠虛松桂山中約。小住蓬壺島上洲。
至竟勞勞成底事。壯心消盡雲蒙頭。

西湖

湖山風景記還眞。再到渾如隔世人。楊柳碧波牽別緒。
桃花紅雨悵前塵。山林許結重來契。佛法初完未了因。
明日歸帆江上去。煙波回首戀汪倫。

武昌解纜

木落山空雁叫羣。蒼茫城郭大江分。柁樓山色兼天淨。秋寺鐘聲隔浦聞。絕岸遠藏巴峽雨。峭帆高挂洞庭雲。木蘭舟上頻回首。無際煙波澹夕曛。

六柏軒漫成

參天庭柏與雲齊。十畝蒼煙壓戶低。碧樹紅闌禽上下。粥魚茶鼓寺東西。睡程客去從新補。詩草閒來小字題。盡日垂簾看花落。屋邊晴雨任鳩啼。

出郭

柘岡莎徑野人家。耕種生涯傍水涯。枳棘編籬茅蓋屋。圩田開徧木棉花。

劉鍾瑞 號友山太和人嘉慶辛酉舉人官知縣改補劍川州學正

太史祠弔升菴先生

當時痛哭撼楓宸。杖下還留不死身。一代朝廷無定禮。百年氣節有孤臣。偶傳折柳緣傷別。竟學簪花似惜春。若使刀環唱歸去。江山何處戀才人。

楊　渟 字鳳池浪穹人嘉慶辛酉拔貢有味眞堂詩

三十六灣阻風

何敢言忠信。天心本至仁。風波今夜客。生死暫時人。出險魂猶悸。臨危見始眞。漢陽前月事。回首又驚神。

天渡橋

天渡橋頭萬象低。四通五達會輪蹄。瀰闠廛市斜趨北。蒙郡山城突起西。十二闌干環鐵鎖。短長楊柳拂沙隄。

我來正值江流涸。漠漠平沙望欲迷。

送人歸里

天涯聚散足酸辛。況是吹花落翠辰。明月高樓同對酒。清風旅館獨懷人。交緣失路情逾篤。客到還家樂始真。楊柳壩頭君故里。他時可贈一枝春。

先慈忌日述哀

秋來猶自聽啼鵑。啼破鄉心泣血漣。有母未能知面目。鮮民何所吁皇天。清霜落日三升黍。寒食梨花一陌錢。忍向西風懷拜掃。松楸歲歲長龍泉。

安甯道中

勞勞車馬去來頻。千里關山獨此身。古有將軍經百戰。

我於廿載困風塵。年光回首嗟流水。天意何時恢遠人。
投筆每懷班定遠。馳驅豈敢憚艱辛。

會城午發

郭外煙嵐淡不收。蓼紅蘋白是淸秋。西風駿馬馳官道。
遠水孤帆送客舟。香稻千村黃葉晚。畫橋十里翠雲浮。
昔游眼界無分別。宛在鍾山古石頭。

旅懷二首

葵心獨切悵朝暾。回首蘭陔欲斷魂。十二年中疏定省。
九千里外隔晨昏。思親就老無甯日。爾子成人更倚門。
瘏口嘵音還未了。可憐辛苦又貽孫。
彩雲入夢到鄉關。夢醒依稀棣萼間。今夕自憐懷謝草。

去年同夢落孫山。雙擕南郭難分手。一別西風又轉環
最是東坡聽雨夜。牀頭曾惹淚痕班。

遠山

嶺上雲開露曉鬟。一痕淡入渋寥間。畫眉最恨文君渺。
慰我頻年是遠山。

呂翁祠

莫笑盧生也自矜。人間富貴本難憑。蒭求一夢差如意。
二十年來且未能。

焦山

湧出波心一點青。曾於何處識娉婷。凝眸試揭孤篷想。
憶得團山拄洞庭。

留別譚莨圃明府

蓮幕花開已舊游。南風相送上歸舟。多情偏是瀟湘水
見客張帆不肯流。

滇詩嗣音集卷十一終

滇詩嗣音集卷十二

呈貢戴淳古村定　昆明黃琮象坤輯

李文耕 字心田號復齋昆陽人嘉慶壬戌進士官至貴州按察使有喜聞過齋集山東祀名宦雲南祀鄉賢

丙寅春日

春從何處來。生意忽然睹。梅柳已爭新。江山含媚嫵。大哉造化工。一元羣彙溥。橐籥本無爲。氣至機若鼓。顧昔壯冰霜。凋殘嗟衆苦。豈知由慄寒。醞釀出和煦。斯理環無端。乘除積可數。君子識機先。持盈預茲取。

先慈忌日

背母已十暑。辭家兼七霜。杯棬誰什襲。邱壟任荒涼。訓自存清白名。終貽渺茫。梁鄒悲諱曰。泉路幾回腸。

李蟠根 號鄴園太和人嘉慶壬戌進士改庶吉士官休寧縣知縣

呈伯制軍玉亭先生

祖帳會隨闟戟開。甲子秋公自晉陽移節滇黔公餞於三藐菴 籌邊勳業重宏才。聲名大雅推先輩。面目書生識本來。寄與山川成嘯詠。關心桃李費栽培。欣瞻節鉞風塵淨。德化殘碑笑鄭回。

趙蘧 字覺莊晉寧人嘉慶壬戌進士由庶吉士改知縣

大梁懷古

代馬鳴蕭蕭。梁都入望遙。陰雲連上黨。晴翠滴中條。士老恩猶報。才雄貴不驕。一杯索郎酒。把向濁河澆。

早秋

客思都無著。邊城又早秋。蟬聲亂古木。月色澹高樓。青冢胡姬淚。陰山漢將謀。河梁生別後。今古總離憂。

左章照號容齋蒙化人嘉慶壬戌進士官麗江府教授

榆城竹枝詞

榆城香火盛。花宮共道觀音是雨銅。稽首蓮臺無別願。願郎歸趁早潮風。

劉士珍號春舫建水人嘉慶甲子舉人官香河縣知縣有知不足齋詩鈔

雜詩

受命稱天子。爲言尊無二。豈果冥冥中。彼呱煩乳字。可笑愚儒愚。駭俗驚神智。元鳥嘻神禖。黃龍感晝晦。謏讀

生民詩。馬遷始作僞。以後廿一史。本紀孪踵事。遂使古
聖神。一切成非類。天公學不韋。造物太好戲。
人與憂俱生。墮地便是哭。何況識文字。重囚添累梏。卣
然開口笑。安得月五六。所以髑髏君。冥然樂幽獨。返彼
魂與魄。急走深蠻蜮。
獸無草則饑。魚無水則死。枵腹豈能生。天下同此理。爲
國不患貧。有爲之言耳。避債築層臺。不安孰過此。嗷嗷
數萬口。聖人不能使。雞癰。時而帝。管商吾不恥。
孔明王佐才。何假於讖緯。修塔余一龍。立碑史萬歲。偶
爾出神奇。大人以駭世。於治固無當。聊作黑牛戲。俗儒
眼如豆。魄動而魂悸。顧思街亭失。以及荆州棄。安危關

國家胡爲轉昧昧屑屑於未來我覺太無爲此才有機權調笑弄若輩眞學世安知見異輒膜拜甘心奉大名萬古同一喙勞心道之華此老亦狡獪

造物勞以生負擔誰能弛老病苦相乘不死將胡底晏然寢巨室萬患一齊止可憐鑁鐖傳人盡獨存已談諧少朋舊憐愛無妻子眼中冢纍纍看到曾元耳觸處皆酸辛何苦而爲此異哉秦祖龍蓬萊循覆軌長生若有藥眼見劉項起將生憂寡人死之不得矣

秋日蕪園作

村靜鳥聲樂秋田晚稻熟山居歲月閒牛眠伴碌碡樹下逢老翁相邀款茅屋租稅幸已完所餘倉尚足弟媿

子孫愚。明年買書讀。

依依嶺樹綠。曖曖村煙白。巖巒近可揖。識面如佳客。孤雲出無心。閒閒頗自得。飄風曳之西。遮斷幽人宅。草際一僧歸。前山日將夕。

宿上寨夢亡室作

明月照幽窗。空館相思積。亡妻忽入夢。憔悴勝疇昔。苦語悽肺肝。慼損雙蛾碧。強笑慰離憂。欲說氣塡噎。一痛遂驚絕。殘燈照店壁。

拉邦坡

昨登老鷹巖。拉邦已遙見。相去百餘里。對峙逞凋悍。出險氣未衷。向若人又歎。千仞會陽戈。萬枝武乙箭。亂插青雲巔。刺天恐難抔。殺氣斷烏鳶。險勢落鴻雁。其下阻赤水。黃茅彌兩岸。青紅浮瘴煙。迷離五色幻。短弩飛射工。銅丸落鬼彈。黑鬼生攫人。髑骨充珍膳。混沌誰所鑿。天梯闢危棧。石罅羊腸穿。指上螺紋旋。人馬盤虛空。一蝨緣衣綻。蝗珠幾百折。磨牛幾萬轉。忽東而忽西。日月任迴換。窄處一輿。一兩鼠不容戰。引臂猿挂枝。銜尾魚聯貫。誤踏一石落。纍纍旋一串。一上一層冷。石人骸亦顫。饕風轉蓬。龍吹人空中。炫儻隨要離。仆倒地必月半不然。飄鬼國。已成乾肉饌。辛苦將至巔。帝座通一線。寸寸彎強弓。尺尺引柔蔓。崩雲忽壓人。項折豈容釬。回首望家山。行行不敢戀。便恐凍成石。萬古峰前爛。

滿天星

亂石如劫賊。泗水伏而待。闖然萬頭竄。突起擊其怠。四面刃巖巖。滿眼戟森森。倔強於其間。舟師色然駭。目作愁胡張。捨命摩重壘。避實復避堅。畏首又畏尾。生死付一篙。分寸判人鬼。助惡石尤顛。奔波劈面灑。幾乎成冰鮮。裹我作鰕蟹。船底忽有聲。砰磅萬雷駴。疑有楊么鑿。一洗成萬載。陸地負而趨。大力信堪委。虎口脫餘生。岌岌亦曰殆。安穩臥寒流。箭激追竪亥。徐檢舊衣囊。一一湘妃洗。案倒破到甌。几顛累及鼎。布帆幸無恙。驚定又生悔。造險乃出奇。事萬如此水。惜乎太怱怱。不盡其悏詭。舟子喜酩神。白酒傾囊買。飽喫鱖魚羹。大嚼花豬髈。

船頭臥吹笛。嗚嗚唱欸乃。

馬頭巖觀仙人房

鬼斧劈雲根。倒插寒江涘。壁立幾萬丈。亙古絕基址。憑空起樓閣。奇險太無理。纖蔕繫蜂房。絕壁黏燕壘。安用周公鑿。難置工倕指。千梁附若支。一柱固其底。儻然立四虛。雲構必役鬼。闌檻借雲扶。戶牖隨風啓。絡繹幾成村。閣道一髮抵。同舟四五人。叫絕口頻哆。或云三藩張舉。蹶觸鋒矢。任光避公孫。尺地義不履。高學鳥竄師。冷眼看蛇豕。我思逆爛熾。鴟張古無比。天帝尚敢射。半壁去地幾。霹靂一擊轟。全家魚爛死。避賊當賊衝。明哲不應爾。或云籛鏗儔。成仙御女美。戀戀人間樂。天門怕投趾踉位逃虛空。跫然足音止。穩臥安樂窩。永絕玉皇旨。我思桃花源。僅僅隔一水。危觀招多跡。大隱不出此。一笑姑置之。執著定俗士。何暇徵故實。且賞其譎詭。嗟我走四方。勞勞將兩紀。遇可淹畱處。便想脫屣躧。何意蜃樓中。可臥復可起。廡下儻可賃。喬遷更何俟。鹿車載鴻妻。鶴背抱驥子。全家住碧空。嬉笑綠雲裏。豈必定成仙。雲臥則足矣。大呼主人公。急急書券紙。

武侯柏

綠雲翻空瘦蛟怒。晴天颯颯聞雷雨。萬壑松杉拜下風。一齊低頭學兒舞。中有丞相天威存。蠻人至今猶舌吐。憶昔拜表勤南征。火雲燒空月惟五。瀘水騰沸生赤煙。

跕跕亂墮烏鳶羽。青草彌天瘴雲黑。中藏鬼彈雜蜮弩。鬼哭峰頭白日寒。鵶飛不到況部伍。連營飢啖救軍糧。口銜芸葉辟毒蠱。如天之福幸一勝。何暇七擒久容與。攻城容易攻心難。要以忠誠格彪虎。神武不殺號令肅。軒轅以來無此旅。龍苗抃舞烏蠻歌。一一膜拜首盡俯。匕首剺面刀割心。黃龍清酒祝覼謱。從此南人蠢蠢靖。豺狼革面聯心膂。白榆焉用分中邊。手植柏樹當銅柱。召伯已去甘棠留。直把此樹爲慈父。避暑不敢況翦拔。二千年據炎劉土。濃翻巫雲天地驚。冷照漢月關山苦。亭亭不隨八仙傾。櫑櫑遠與孤塔拄。錦官祠樹盛題詠。若論龔行此鼻祖。英靈豈假神撝訶。魄力自足萬萬古。

忽然一陣天風號。樹頭怒捲萬銅鼓。滿地白雲變鳥蛇。如入八陣迷門戶。陰森怪石遞隱現。似欲攫人作猰貐。凜乎不敢更久留。咿軋且聽竹輿舉。野店飽食諸葛菜。作詩一笑追杜甫。

喜雪

元冥釀雪如釀酒。作使巽二叱且吼。扶桑西傾羲和僵。立天壓人雲容黝。老夫閉門學顛當。一夜瑟縮被蒙首。蕭蕭微聞聲穿窗。曖曖稍覺色上牖。忍凍披衣起開門。滿地積雪尺半厚。一十五年纔一見。喜過不速得好友。貪天便恐戛然止。滕六作勢氣尚赳。柳絮梨花飛成團。剪刻似有萬素手。登樓忽失四面山。夜半負去詡某某。

造化小兒太好弄。墨戲酷倣海岳叟。大地納入冰壺中。一掌平摩熨銅斗。蝗蝻入地消苛殃。蟹螺宜禾占大有。預備飯甕舞貧兒。考擊土鼓樂黃耇。吾滇極樂古佛國。雞犬從來厭糧糗。東昭連年知何辜。樹皮啖盡槐榆柳。邊隅百姓賑無例。飢驅都成喪家狗。男女雜沓肆句奪。瓶罄漸恐累及卣。流民滿地豈細故。有粟我得獨食否。明春大熟庶有豸。遺民應可反南畝。三白布路勝金珠。溝中已起萬骨朽。喜極歸與山妻謀。豈有斗酒藏之久。對飲獨酌氣磅礴。雪片盆大寒盆陡。環如沈醉舞霓裳。瑤姬淫游拋瓊玖。詩腸杈牙出百怪。淩風腕底龍蛇走。白戰不許持寸鐵。黃昏排雲叫歐九。

王槐庭邀賞菊花戲題

十月之勞一月償。栽菊忙於農栽秧。未論畜花先畜葉。
美人要曳湘裙長。蟲豸鼠雀賊伺隙。雨暘燥溼天行殃。
三日不視問何闊。巧手補葺無媧皇。西風露立顛播骸。
姬姜縱美誰斷腸。足寒傷心指傷臂。獲六菑四終非臧。
刪繁屠贅忍乃濟。元氣不足魂魄強。年來奔走此事廢。
就中辛苦吾能詳。槐庭先生雅好事。愛菊不惜終年忙。
庭前雜植幾百本。異種一一來西洋。楊妃得酒朱顏酡。
西施傅粉冰肌香。天孫雲錦五色爛。要以晚景回春光。
十日置酒大召客。酒龍詩虎紛滿堂。洗盡陶家寒儉態。
雲屏齊擁千施嬙。恨不將身便化蝶。一秋酣醉眠花房。

微嫌金屋太矜寵。剗愛不肯加斧斨。未免縱任美人性。
宓妃偃蹇絕踰防。譬君苧蘿選佳麗。娶妻已得蘇蕙娘。
秀色可餐香可飽。甘心終老溫柔鄉。貯嬌高築望仙閣。
捲簾便恐風日傷。豈知阿母盛妝裹。東溼酷幾同張湯。
穿耳忍痛試毒手。細腰抵死熬飢腸。淩波纖纖兩蓮瓣。
要令掌上能迴翔。縑東帛綵等桎梏。幾載匍匐邯鄲旁。
然後高髻盤鴉鳳。廣袖裁鴛鴦。輕勻秦女粉。濃點壽陽
妝。嫣然一笑迷下蔡。魂斷天壤此王郎。不然粗服亂髮
任天放。千金君肯傾慳囊。滿堂胡盧盡噴飯。百杯罰此
狂奴狂。勢家愛花如愛妾。獨樂都學齊宣王。楊白花飛
素馨舞。玉笛不容聽隔牆。肯出甄妃許平視。此樂已非、

意所望。更復妄肆雌黃口。處福禦福眞不祥。若比劉楨有餘罪。輸之作室理亦當。先生不怒更激賞。此論最公非荒唐。世間萬事各有譜。邱山之陽爭毫芒。明年聘汝作槖駝。重開三徑搜羣芳。花時酬庸更置酒。當令主孟親持觴。

地震

殺機地發六鼇死。驚雷歘奪奔腳底。康回頭觸相柳抵。河山皺成箕中米。連牆亘棟倒復起。洶洶壓頂去僅咫。子之俎壺知伯机。憑空投人亂無紀。逃死章章腳不履。門闔幾著仇牧齒。據地如蕩破船裏。蝝春蟻磨蜣九徙。駭極屋頭坼尺幾。天眼睒睒數閉啓。神頑鬼虐作戲爾。

長槊大劍頸上擬。劃然萬丈裂濛汜。陰火燒入半空紫。
盲風呼豨吹黑水。射天亂縠武乙矢。土伯闖然森血指。
似欲攫我充甘旨。九幽黯黕百怪駭。一蹴古無再出理。
岌岌吾其夷甫矣。啼呼亂雜犬雞豕。僊僊鴻濛儻然止。
環覩全家色如紙。老妻呼佛呼不已。一笑起立腳如掎。
五色眩暈播糠眯。懸旌搖搖四無倚。突然覓杖骨仍骫。
出門四顧悲生涕。邱山滿眼華屋圮。舉國搶攘哭穿市。
或呼爺孃呼兄弟。長鍬大鋤紛如螘。赫然掘出破面鬼。
血肉狼籍尸纍纍。匱負簍挾歸蒿里。險過回思膽更餒。
謂非神力不及此。庸庸我亦常人耳。陰德敢比跛男子。
何況弄筆逞弔詭。鞭笞風雷驅山海。混沌鑿死百靈駭。

天公雨泣血淚灑。造物已遭毒手每。殺之敢曰非其罪。山岳碎破城郭毀。一殿獨留靈光歸。嘉名從此更生改。娥眉便可千金買。酒池肉林歌靡靡。羲之樂死終不悔。比如昨日四大解。闍羅肯爾須臾待。

題雲隱菴

萬竹綠無縫。盤空捷似猱。虹腰雙澗闊。螺髻亂峰高。山有水纔活。樹無風亦號。雲菴何處是。一犬出林皐。

落日鸚林晚。空堂伴佛眠。山深蟲語雜。風細鶴聲圓。夢斷三更雨。涼生六月天。何當來結夏。佚老得安便。

四海勞勞客。僧寮得暫閒。湖光鸚鵡綠。石色鷓鴣斑。野鳥無腔笛。溪雲沒骨山。蒲團容我老。萬念一齊刪。

馬龍州

南國窮州四荒涼似此稀水鹹如馬汗山破類牛衣帶郭惟衰草空城半落暉悽然悲滿目攬轡一歔欷

呈貢道中遇雨

雲怒欲吞天昏昏海氣連悶雷車碾地猛雨箭離弦蛇斷山腰路虹飛樹杪泉棲棲何為者匹馬亂峰巔

宿宜良龍山寺

冷逼諸天夢山樓對佛棲霜催蟲語急雲壓雁聲低歲月驚彈指風塵悔噬臍蒲團清有味便想息輪蹄

喜雨

春寒逼衾枕燈影小樓清一夜不成夢多時無此聲煙

波懷舊約。蓑笠負平生。歎息先疇在。棲棲愧耦耕。

大坡頭望臨安城

五老名峰迎人笑。鄉山又眼中。到家仍是客。失路已成翁。野草悽然綠。斜陽慘不紅今宵何處宿。惆悵古城東。

捧檄

捧檄翻成痛。扶牀涕淚賒。雙親俱不逮。一命更何加。已醒三生夢。難消兩鬢華。病中商出處。惆悵滿天涯

夏日題寓樓

足跡半天下。棲棲經幾秋。斷猨三峽淚。倒馬九邊愁。四海畱鴻爪。餘生賸白頭。依然歸未得。惆悵仲宣樓。

病中立秋

歲月如流水。朱明看已過。樓高涼信早。樹老雨聲多。峰削雙肩瘦。霜添兩鬢皤。自傷蒲柳質。一夕感婆娑

送夏

爛摩天遠欲何之。三疊陽關馬去遲。臨水登山桐一葉。離雲別雨柳千絲。鱸羹破玉催鄉信。雁字書空寫去思。歎息彫零從此始。蕭森不似送春時。

哭楊公鶴

碧雞坊下手纔分。惡耗無端道路聞。一榜故人今賸我。九原新鬼又添君。夕陽黯黯天南樹。衰草茫茫薊北雲。歎息阿兄孤冢近。相逢地下淚紛紜。

除夕舟中

子寄蒙陽姪建陽嬛嬛黄口各隨孃一家八口抛歧路萬里孤舟憶故鄉雙鯉信沈湘水闊孤鴻音斷楚天長生憎隔岸風波攪偏送笙歌到枕傍

閒居

應門不用小僮忙插槿編籬當短牆除却清風與明月從無俗客敢登堂

春夢

重訪天台路已差可能一飯報胡麻今生只合持鸞尾紫玉墳頭掃落花

張　序 字鷺階趙州人嘉慶甲子舉人有雲巖詩鈔

讀史

有鶴能支糧戰士且無祿有樹能披錦貧民尚無服嗟嗟好黔黎人而不如物甯使御廩虛籌車當裕足甯使幣府空閭閻當煖煥

夢楊鳳池醒後卻寄

一雨池上來溼我庭中樹暑退蠅蚊稀倏然成獨晤彷彿見故人招我登山去高步雞足巔衣袖生雲霧東眺小雪峰下覩日出處清嘯應鸞凰枕上鐘忽度起視明月光曾照茈湖路

海東曉渡

半夜聞寒雞人起鳥未起行行殘月中忽到水之涯海濤只聞聲崖花莫辨藥一片白雲光上下空明裏微火

煙中來老漁夜歸里隔岸呼與言長歌竟去矣

宿流碧灘

落日瀟湘頭餘暉散平楚山氣益蒼涼一葉停溪渚晩煙凝不飛殘霞獨軒舉我有故山茶攜就活水煑洗鐺見明月秋色淡如許夜闌北風生鄰舟人爭語

春日從大父訪隱士不值

童子隨行慣翁來十畝閒顧令循竹徑先往叩柴關繞屋一江水出牆三面山採芝何處去想在白雲灣

晩過定西嶺

暮色催行色山阿轉澗阿回看青嶂裏只是白雲多人語三家市僧歸七里坡故山從此遠一路感關河

夜自五華菴由猢猻梯登雞足山頂

崖懸路不平。一步一心驚。絕頂雞初唱。下方天半明。日從山脚湧。雲向樹腰生。栩栩有仙意。青天手可擎。

村曉

寒山無擊柝。鴉噪識天明。昨夜雨來急。前溪水作聲。鹽齏都繫念。筆硯豈謀生。羨煞東鄰叟。春晴自在耕。

香峰山與月楞上人夜坐

三十三參處。庭前落葉紛。月明晴化水。嵐重晚成雲。坐對煙霞侶。心游鹿豕羣。夜深煨榾火。芋熟幸平分。

偶步

山深忘節令。聞雁客心驚。一徑尋秋色。疏籬吐菊英。薄雲收樹影。落葉助溪聲。俯首不歸去。茫茫百感生。

懷竹樓村館

昆彌嶺外樹。一望路漫漫。世俗詩書賤。鄉村風雨寒。故人居遠岸。落日倚危欄。三月離羣久。孤吟下筆難。

玉屏除夕

歲歲逢除夕。稱觴壽老親。如何今夜酒。獨醉異鄉身。爆竹山城曉。梅花野店春。高堂當此際。應念遠游人。

晚投中菴

青笠紅衫繞石鬟。疏鐘鳴後叩禪關。回看澗底千重霧。遮斷來時一路山。掃葉僧歸新竹院。負苓客出古松灣。我生好古眞成癖。捫碣摩碑興未刪。

凌虛閣夜坐

蕭然一榻野雲灣。縷縷春愁未盡刪。祇訝濤翻孤枕上。幾忘樓在萬松間。漁燈對出東西岸。鐘韻周回上下關。為愛沙村新月滿。起搴疏箔看蒼山。

飛來寺

千年薝蔔四圍開。香裏悠然上古臺。三塔遠從煙際出。一帆斜自洱西來。旗亭過雨行人集。梵閣銜杯老衲陪。醉後休談天寶事。夕陽荒驛野猿哀。寺外郎萬人冢

登鳳山

古木層崖傍午開。好從霞表陟崔嵬。秋高文筆三峰見。雨霽羅江七折來。道士種桃沿碧澗。參謀遺冢長蒼苔。

何如壁彩奎光世。五色芝鍾曠代才。山出靈芝州人以覩科第

雨後見月

積雨簾纖困未舒。苔痕直欲上階除。誰知一片天邊月。猶照三間竹裏廬。乍見如迎新到友。貪看勝讀借來書。酒肴何處謀諸婦。雲樹蒼茫隔里閭。

萬人家

蒼江落日水澌澌。下馬何堪讀古碑。六詔河山雄白國。兩關風雨泣唐師。輿尸罪已浮川岳。獻捷書猶達殿墀。貴戚貪奸常侍諂。鬼燐終古有餘悲。

山中漫興

年來百事盡疏慵。身在巖居第幾重。夜雨驟添池上水。

奇雲高出檻前峰。飢腸自笑空倉雀。瘦骨應憐藥店龍。坎止流行隨遇好。此心安處便從容。

望衡嶽

九面芙蓉落酒杯。掀篷拄頰對崔嵬。四千餘里客初到。七十二峰雲忽開。日上直騰天柱頂。煙中遥認祝融臺。振衣如許凌霄漢。不負乘風破浪來。

楊　昌　麗江人嘉慶丁卯舉人官知縣

對菊

薄寒生几席。爲想此花開。恰喜鄰翁送。如延野客來。風霜秋意思。詩酒舊追陪。莫厭官齋俗。空延只緣苦。

滇詩嗣音集卷十二終

滇詩嗣音集卷十三

呈貢戴淳古村定　昆明黃琮象坤輯

羅觀恩字汝勤石屏人歲貢舉孝廉方正有臥游草癯禪集

代從軍行

捧檄辭故國。負羽從戎行。迢迢萬餘里。遠赴哀牢疆。炎方氣候異。八月猶驕陽。飛瘴如長虹。明滅乘風揚。流矢射太虛。白日無晶光。行人伏江介。疲馬臥道傍。歷歷艱危地。安能辨忠良。丈夫事弧矢。壯志淩八荒。生宜圖淩煙。死宜埋戰場。如何伏波將。馬革思還鄉。

西出金齒道。洗兵渡龍川。亂峯插九霄。飛鳥爲之旋。甯知絕嶺外。復有西南天。林密徑路窮。徒侶相攀援。戈鋋

爍赤日甲冑蒸青煙火雲向人來征馬忽不前行行胡
可已還指漢龍關武鄉跡罕至擒縱名猶傳將軍明且
武按劍綏八埏誓開日入部駿烈超前賢

感遇

嶺南生鸐鳥綵翼揚輝光終朝臨桂水顧影正迴翔豈
不自珍惜沈溺令人傷愛劇翻成患才華適自妨韜光
尚未免矜智何足臧昆邱有元鳳用晦文逾彰

蘭茝秀荒榛餘香散林樾託根繁蕪裏獨立自修潔豈
不思紉佩境幽行人絕淒淒白露滋娟娟涼風發孤芳
易憔悴歲暮不堪折雖無芊蔚姿芳心未消歇

亭亭千尺柏獨秀西山陰矯矯風雪中亮節誠足欽安

知繁華會早抱履霜心眾爭明者讓時感慮彌深耽榮既不戒搖落誰能禁徒為造物咎豈獨私貞林

龍門有孤榦百尺淩層巔棟梁非所望蕭然臥雲煙良工忽見採委質玉堂前豈無藏身術足以養天年直木甯先伐不為枉曲全

芙蓉映秋江含芬待膏露豈不惜春榮爭先非所慕古來青雲客多被浮名誤獻璞空招尤投珠乃逢怒獨懷歲寒心何事傷遲暮

生人本無患榮利使之愚犀株不衛體象齒空焚軀誰云良賈智深藏乃若虛墨魚不自覆安能定其居羨彼緯蕭子坦懷常有餘

獨鶴激清唳日暮山之陰寂寥文園士抱疾臥空林豈云無同聲別思盈幽襟翻覆變雲雨俛仰隔飛沈忘機羨海鷗聊與盟素心

我聞建德國遠處南越界守樸高黃農含和茂機械夙抱太古心願言從之邁登高望遠海浩浩浮蒼靄一氣涵天青仙鄉竟何在自顧飛無翼臨風獨增慨

尺鯢沼際游斥鷃枋間飛雖無萬里志俯仰得所歸黃鵠運四海六翮揚光輝稻粱既無謀中路常苦飢阻飢不足惜苐傷心事違物情有固然達士復何悲

孤葵生園中緑葉榮青枝弱植無足貴長抱向陽姿浮雲靄重陰白日安得知精誠未及達六龍忽西馳雖難

邀未照此心終不移

昔聞貪泉水迢遙在石門紛紛縉雲子貨賄以爲尊豈伊泉相致聿來衆自昏黃河下東海孰能清其源獨懷盈毀意至精共誰言

寒蟬何嘒嘒抱影獨哀吟朝飲木蘭露暮息嘉樹陰懷清詎有爭螳斧胡相尋子罕旣辭玉伯起亦卻金抗懷思古歡籌不獲我心

冥鴻振六翮萬里乘風過征人行路難慷慨發浩歌驅車迷所往躑躅憂思多黔山有重險楚水有洪波欲問靈氛子尺短將奈何

我欲理瑤琴清廟歌時雍中郎一去後爨下無焦桐焦

桐豈云乏賞音洵難逢良士待推轂良材待先容緬懷亘源啟千載垂休風白雲在遥天望古情何窮

貂蟬滿漢京衆星羅紫微營營五侯宅出入生光輝蒼蠅附驥尾千里從風飛迴飆一相失中道將安歸求援既得援孰云人事非寧知獨行士還採南山薇

莧陸感陰氣蓬蓬被中野蕭風幾何時秋色漸瀟灑白露降空洲芳杜不堪把黃華守遲暮獨秀寒霜下晩節應自貞何恨無知者

茸茸幽谷草中有孤生蘭和光愧無術特立良獨難雋巧常苦危鳩拙有餘安豈伊無才智涉險空長歎誰知忘機子忠信輕波瀾

長江去不息。浩浩流古今。浮雲逐輕風。變化誰能尋。紛紛市中子。智巧爭相侵。野雉馴桑間。飛鴉集泮林。物情尙有化。人豈獨無心。

纍纍青門瓜。移之君子室。蒙君灌溉恩。爲君結芳實。芳實旣已成。君心儻相失。不怨雨露疎。自傷柔脆質。願言留其根。還思報他日。

終年服稼穡。努力趨東菑。錢鎛未及興。田鼠交橫馳。有生苟同遂。寗不慰我思。婦子多菜色。安能顧爾私。非無虞人機。未忍中逵施。念彼物有心。猶恐爲人知。

古別離

皓月何處來。無乃從燕京。流君萬里鑒。照此單居情。銷妾淒寒露華。燭無光晶。涼風動帷幕。蕭蕭如人行。心魂怯虛室。寒夢苦易驚。憶昔送君初。別語猶分明。歸期諒非遠。努力愛春榮。君心寧不重。妾身良獨輕。春榮易消歇。秋色何淒清。長恐負君意。零落如舜英。

效右丞晴望

好雨晴彌佳。扶屐板橋畔。炊煙帶雲重。夕陽隔溪斷。鴉栖林影明。人歸泉響亂。蕭條漢陰子。暫能東園灌。

效襄陽待友

寒山悄無聲。孤鶴時復警。中夜啟竹閣。徘徊惜清景。雲歸人意定。月映霜華冷。幽幌清音闃。遥林仙梵淨。久坐望伊人。明星上前嶺。

效左司寄友

曉寒客來少。獨就西齋宿。疾風驚夜禽。殘凍落深竹。忽憶梅花放。山家碧溪曲。策蹇欲尋芳。積雪掩茅屋

垂釣

垂釣磐石上。空水明春衣。密竹翳清源。徑僻人跡稀。游魚不驚綸。知我心無機。物情既相得。吾亦樂忘歸

夜渡滇池

西日下滇海。雲水忽成夕。南風夜來生。輕舟揚片席。燈火冷歸夢。漁商侶孤客。倚枕暗潮來。推篷遶空碧。天寒斷岸高。月沒舟路白。回望巨橋城。旅愁紛如積

重游圓通寺

重游如過故。使我襟懷舒。山鳥似相識。對人閒有餘。松蘿轉幽密。洞壑逾清虛。苔石久不坐。白雲還未除。老僧竟何往。亭午無鐘魚。寒翠引游履。香風送輕裾。偶到徑窮處。巖轉逢精廬。往往得新賞。始知舊游疏。心期留有待。後約當何如。

寒夜懷兄

夢斷覺風生。寒雞鳴不絕。遙思遠游士。歲暮歸心切。獨夜無人知。殘燈聽松雪。

水月寺夜坐聞漁歌

夜靜香臺上。臨風岸輕幘。澄澄萬象清。杳杳羣籟息。澹月隱扁舟。寒漪明古壁。歌聲不見人。秋色渺何極。

秀山寺

林深蒼靄合。不辨招提境。蘿徑尋泉聲。叢扉抱松影。晚齋蜂意善。雲臥犬心靜。隨在皆菩提。羣生各自領。談空言已贅。眈寂相俱屏。僧與暮雲歸。鶴忘秋露警。昔聞紫烟客。對弈此峰頂。無處訪仙枰。滿衣空翠冷。

秋夜對客

幽人愛靜夜。獨坐忘賓主。桐月照新霜。竹風落殘雨。相對寂無言。滿室陰蟲語。

準提閣暮歸

意行不厭深。山合林塘轉。一徑入泉聲。孤閣抱層巘。返景帶炊烟。依依桑柘晚。齋僧乘月汲。田父戴星飯。林表

鑑湖明懷中冷風善履聲亂木葉人影吹山犬忽忘來時路欲問歸樵遠

曉眺

高城臨眺遠靄靄平蕪綠空翠隱遥村斜陽帶歸牧逝將載斗酒及此成春服薄暮雲泉心飄然在西麓

春日田家

雨餘衆鳥喧出門春水碧壄趾覘新畬扶犁趁膏澤身勞心自閑已盡物莫役暝色落前村炊煙出籬隙歸牛引前路稚子迓中陌飢食味彌甘困眠夢偏適巢鳩未及喚起趁東方白

龍泉納涼

春和隨意遠。炎景亦復佳。獨游每忘倦。樂事與時偕。危石翳喬木。寒泉瀉幽崖。高歌滄浪篇。泉石相和諧。歌罷無人賞。松風入我懷。

晦夜荷塘小泛宿楊氏水莊

宿鳥定煙林。幽人還獨往。雲昏潭影見。潮靜秋空響。芳酒引荷筩。高歌擊蘭槳。不知涼露重。菊愛香飈爽。漁莊認火歸。苔磴緣雲上。萬象方沈冥。孤懷倍虛朗。神清無凡夢。地寂多遠想。何處識元音。風林入心賞。

太華山

忽如跨滄海。翹足巨鼇頭。湖山茲不辨。一碧昆明秋。昔聞太華勝。夢寐登飛樓。金馬臥東麓。碧雞伏西洲。苴蘭萬人家半縷輕煙浮滇池五百里坳水容芥舟覺來詫奇幻無乃淩丹邱誰知見眞境始歎非仙游夢想所不到奇觀難盡收胡爲數千載寥落西南陬我欲叩閶闔眞宰如可求挽回山下水萬古從東流

自美人峯渡羅漢壁登三清閣

美人如有意送我升煙霄自顧非羽化安能御驚飆耽奇遂忘險絕壁從道遙石徑不容屐霞屏將建標連雲駕飛磴斷霓交危橋疊閣無尺基懸空臨海潮天風浩蕩來樓宇皆動搖衆體相爲用驚魂未須招人心自砥石鳥道無嶕嶢昨來此疑望蜃氣噓碧寥

朱家洞吳道士鑿石開路處

昆吾切積鐵。半壁撐青空。得無眞靈居。要令猿鳥窮。匠心鑿混沌。石腹穿玲瓏。鶩從坎窞入。怨與風雲通。窮巖帶仙氣。桂庭淩鬼工。仰瞻星皎皎。俯瞰煙濛濛。道士昊猛裔。前身古愚公。境窮人非想。力定天無功。始信奇巧初。由來拙誠中。爲爾留此詩。吾身飛雪鴻

半月山懷升菴先生

攜樽問古渡。停舫臨高臺。林陰覆寒綠。秋風吹未開。先生舊棲此。遺蹟空莓苔。滇池一片月。猶爲前賢來。竹泉和清詠。雲海寫壯懷。夜靜如有遇。松影相徘徊。天醉著奇節。地荒彰巨才。屈伸竟誰久。弔古歌莫哀。

過華亭寺

松篁青無際。微徑交迴縈。素有濟勝具。同爲采芝行。不知碧雲裏。何處幽泉聲。白日不到地。涼風中自生。披尋得古寺。小坐收衆清。華壁雲際隱。積波林外明。將畱懷前路。欲往惜餘情。遙指空濛中。采翠來相迎。

泛舟五龍山游覽九曲諸勝

緣溪轉不窮。漸入花源去。源盡天忽開。流通山又互。由來仙境祕。未肯輕呈露。勝概千曲殊。清輝一泓聚。回覘空翠合。不辨來時路。奇賞勞應接。幽尋愛迷誤。誰知展轉間。復與前湖遇。塵服清芰荷。道心靜鷗鷺。雖殊洞裏天。頗得壺中趣。歸棹如夢游。還看渺煙霧。

山行

返景照深松寒蟬鳴更急穿林漸忘遠冷翠侵衣溼松子落空山滿地無人拾

西樓雪霽寄朱笏山

夢覺聞檐聲披衣景奇絶微明辨村塢悄悄荆扉閉凍雲壓炊煙輕霞映殘雪清入詩思冷靜照禪心徹緬想洛陽人高眠厲清節同懷不可贈空愧自怡悅

雨夜夢文望山

久别畏相逢當歡轉愁絶不知游魂變明望滇池月五載訴分攜艱難歷千折慈親旣靡顧伯氏復長訣餘言多所忘夢覺悲雲結語長苦夢短展轉成新别積雨響空階還如泣幽咽

水城曉起攜舟採荷露

臥疑積雨響起望秋河曙遠浦漸明霞高峯猶隱霧舟師理輕楫轉入花深處解帶受蘋風停篙採荷露無求信天與有得鮮人慕日出人氣清流光引歸路鳥語亂雲林炊煙辨村樹此時高枕客塵夢幾曾寤

磨古河

兩壁束天根亂泉裂地軸路窮通一綫流轉迷千曲梯曡嶺邊回巢懸樹頭屋崖傾逼人項石碎妨馬足攬轡如乘船停鞭儼集木履平心自警氣倦神彌肅持此厲平生世途免顛覆斷橋淩虛度荒店枕流宿夜靜夢頻驚晴雷轉空谷

述哀

春風入庭樹。衆鳥將雛飛。哀我棘人斯。煢煢獨何依。積
茲邱山罪。蒼昊降疾威。弱質還未立。嚴親遽相違。茫茫
曾城路。一去不復歸。寒霜凋寸草。安得延春暉。欲從皐
魚逝。白髮在萱幃。

老母向兒泣。欲語心如擣。憶昔生我初。悠悠隔長道。暫
歸復遠別。安識容顏好。迨至採蘭還。總角當灑掃。瞻顏
時畏卻。焉敢依懷抱。歷歷計平生。承歡十年少。心摧不
能言。銜恤用終老。

愴惻不忍道。遺徽杳難尋。趨庭緬疇昔。嚴訓惟莊臨。誰
念桑榆暮。慈顏不自禁。瀕危猶好語。惟恐傷兒心。忘身

爲我憂弱疾常相侵。修德以立命。先型垂古今。明明言在耳。尚覺有餘音。

母言雖尚存。母容竟何在。迴思彌留日。虔潔禱岱泰。遺體自歸親。敢言以身代。惟兒多倍德。守巳違嚴誡。善病貽親憂。因循負親愛。冥罰諒難逭。伏願歸懲艾。敬薄誠不通。撫心獨悲慨。

號泣竟何益。天命固有常。藐茲不肖軀。存歿均難忘。銜哀感行路。焉用慰高堂。靈爽鑒微痾。默默相扶將。持身苟弗隆。前德遠彌光。憂毀滅其性。得勿心更傷。言念罔極恩。能不摧肝腸。

紀夢

承歡固知樂。在疚空復情。嚴君入我夢。貌舊覺神清。莊肅殊曩昔。慈藹逾生平。略憶過庭語。似言兒病輕。童嬉恍忘敬。既悔心忽驚。猶疑聞謦欬。妄辨風窗鳴。回首欲牽衣。轉念涕縱橫。反側以申旦。長天苦難明。

浮石菴遺址小築

截流溯仙島。披荒尋舊基。四圍抱空碧。一柱當淪漪。築石象天成。開窗因地宜。不妨起居隘。自然情素移。雲岫列屏幛。煙波衛藩籬。清輝難正視。秀色真樂飢。吾生好清淨。久病聞希夷。三壺與十洲。渺茫安可期。道惟入世妙。境爲得人奇。神仙即在茲。心會復奚疑。

自白浪歸繞湖行九曲山路

九山互迴合。一水涵中外。蓬徑繞滄洲。芭蕉阻青靄。人煙望轉迴。漁唱聽先邁。方出雲海間。旋入洞天內。輕風屢送迎。斜陽更平向背。安知千百轉。仍與羣峯對。不厭跋履艱。反覺清吟快。佳境爲人迎。便途非吾愛。平生憶所歷。欲遠心猶在。到此矜躁消。歸來得韋佩。

宿水月寺

遠風與輕舟。飄然隨所適。一路生空明。不知日光夕。到岸鐘已闌。遂宿化人宅。濤響夜彌靜。潭虛月更白。枕邊落棹聲。猶有垂綸客。攬衣起相訪。雲水去無跡。

雨夜

憂人耿不寐。臥聽空階雨。螢火冷幽林。蛩聲斷虛宇。因知歲寒逼倍念同衾侶憶昔候雞鳴翦燈夜深語。

呈貢道中晚投古寺

饑鶩爭暮景遠閣藏煙樹野店無人開踟躕傍村路越阡問歸牧遙指翠深處人語響谿風鶴驚墮松露門荒梵僧少寺古閒雲住夙昔眷邱山久爲塵網誤偶茲一投宿解鞅暫成趣永夜對禪燈恍如夢初寤

月夜琴興

良宵客盡退萬籟亦俱歇坐撫石上琴仰見松間月流空澹星漢入抱融冰雪因得絃外音遂忘曲中節移情在山海可想不能說。

畇町旅夜客有談土人擊虎者爲長句紀之

滇詩嗣音集　卷十三　三

星月迸落霜天高空堂黑夜風怒號。堂中有客爲我語。百濮山深猛虎踞花面蠻子膽氣粗。上獨操火槍逞長技。北山之嵎虎夷俟。人亦眈眈敵虎視。逡巡卻步身相當。省括未肯輕開張。須臾倏進飛隼急。虎怒騰身作人立。猛氣千雲雲爲開。腥風颯颯衝人來。火機一發風倒旋。萬壑千林象俱變。虎身踣地秋葉輕。流星一點驚雷鳴。生飲其血助餘勇。笑仰蒼天色不動。我聞此語還三歎。山虎易除城虎難。城虎猙獰角且翼。橫飛白晝擇人食。安得陽羨周將軍。彎弧射入南山雲。

醉歌行贈廖思田

既不願銅山寶井編金溝。復不願朱輪華轂擁八騶。葫願龍湖化作酒泉萬餘頃。九曲三島堆糟邱。渴虹倒飲無遺瀝。一醉千日忘百憂。醒來狂歌震山海。神鬼辟易蛟龍愁。世人非笑渾不顧。直欲自臥百尺之高樓。忽然斂退歸虛舟。身爲古處心天游。南華寓言得神解。西來妙諦追冥搜。時復雄辨驚四座。狂奴故態依然畱。倔強不受詩力縛。野兕出柙鷹脫韝。對我高吟作虎嘯。墨濤倒捲滄江流。思田思田良寡儔。將子天才少逸人工修。文采純化珊瑚鉤。郤詵片璧非暗投。千金之直人爭酬。否爲李杜尋絕響。盛名亦足光千秋。胡乃不模不範。獨餘豪氣吞曹劉。君不見龍湖天然具勝景。至今寂寞西南陬。聞言掉頭笑不應。仰視空際春雲浮。

燕子洞歌

我聞宇內洞天三十六。安得蠟屐徧踏青芙蓉。俯瞰羣山等培塿。崢嶸五岳排心胸。茲山靈奇擅畸町。金華玉淸將無同。懸崖千仞立積鐵。石磴百折盤虛空。巨靈何年闢窈窕。谺然石扇開鴻濛。其下水由地中伏。驚雷激電相撞舂。怪石磊落千萬狀。如貔虎豹趨羆熊。丹竈石牀紛羅列。金芝瑤草多玲瓏。杖策深入探奧窔。然犀驚起寒江龍。白晝森沈藏神鬼。晴天慘澹生雷風。游人到此皆卻步。毛髮直豎心神忡。須臾陽光射一綫。恍見璇闕金銀宮。羽葆雲幢有無中。羣真來往驂煙鴻。採藥歸去無遺蹤。洞口惟有白雲封。想當太古闢鑿日。亘仞湫耿摩蒼穹。元氣淋漓盡分剖。神斤鬼斧難爲工。混沌已死眞宰泣。上天無乃含愁容。排雲大叫閶闔啟。我欲搔首窮元功。

坡頭甸暮行

絕嶺高無極。林昏尚獨攀。亂雲孤客路。落日故州山。古道誰廬旅。荒亭少抱關。蠻音殊不辨。遠火翠微間。

野寺

野寺斜陽外。人來罨畫間。行隨流水遠。坐愛白雲閒。鶴跡微分徑。松陰靜掩關。更乘新月好。休逐暮樵還。

登乾陽山頂眺東西兩湖

山勢壓孤城。登臨倚太清。光分雙鏡小。氣合萬峯平。閶閶颸先秋急崦嵫入夜明。下來一回首惟見白雲橫。

採茶

清晨採茶去。日暮每空還。得意非因物。忘情獨好閒。殘霞低遠水。新月上寒山。不自知工拙。聊居夷惠間。

野興

野徑尋來誤。仙都望轉通。橫琴邀水月。枕石聽松風。傾勝堪扶病。忘求得養蒙。古來窮達事。都付嘯歌中。

春初懷友人北上

祖道還如昨。芳年已暗過。離羣春夢少。臥病雨聲多。暝雪黔山路。條風漢水波。相思逐歸雁。先爾渡黃河。

登三台閣

高閣一縱目。蒼然平楚外。人煙交夕照。野水入春雲。顥氣中霄接。經聲上界聞。何須貪羽化。已覺厭塵氛。

病中感懷

共作經春臥。相憐抱病身。甯知今夜雨。不見去年人。切切蛩聲苦。依依燭影親。淒涼荀奉倩。忍淚倍傷神。

朱杜鄰下第留京旋丁母憂感而賦此

游子生離日。高堂死別辰。可憐歸里夢。猶奉倚閭人。我亦違嚴訓。君曾弔鮮民。春暉同未報。爲爾淚霑巾。

梅影

人蹤滅處一林疏。向背皆宜畫不如。清淺池塘風定後。黃昏山寺月來初。橫窗亦守仙家鶴。遮道何妨學士驢。

謾惜奚童難折取。自傳芳信到階除。

題優曇華圖應初頤園中丞命

妙香國裏託靈根。粉墨移來貯月軒。慧眼是觀宵著相。禪心相對亦忘言。法雲澹碧看無影。甘露清涼覺有痕。畫幛品題經佛子。香名從此徧中原。

晚登西山言志

晚來西郭靄輕陰。挈榼還攀祇樹林。野渡春流天外沒。山城落照雨中深。煙霞夙抱田生病。邱壑難忘謝客心。聞道名山三百六。何當蠟屐徧登臨。

廣印寺

羣山如浪走朝東。橫截中流勢獨雄。鼇嶼麥僧招海月。

層樓飛動御天風。鈴旛自悟聞思外。魚鳥相忘色相中。知有法龍來聽講。濤聲雲氣滿花宮。

短長亭

別君南浦柳條青。春水悠悠送客舲。落日孤帆何處遠。秋來重上短長亭。

異龍湖雜詩

環湖煙火野人居。綠浪黃雲百里餘。一夜香風吹穲䅉。水田初上穀花魚。

滇詩嗣音集卷十三終

滇詩嗣音集六

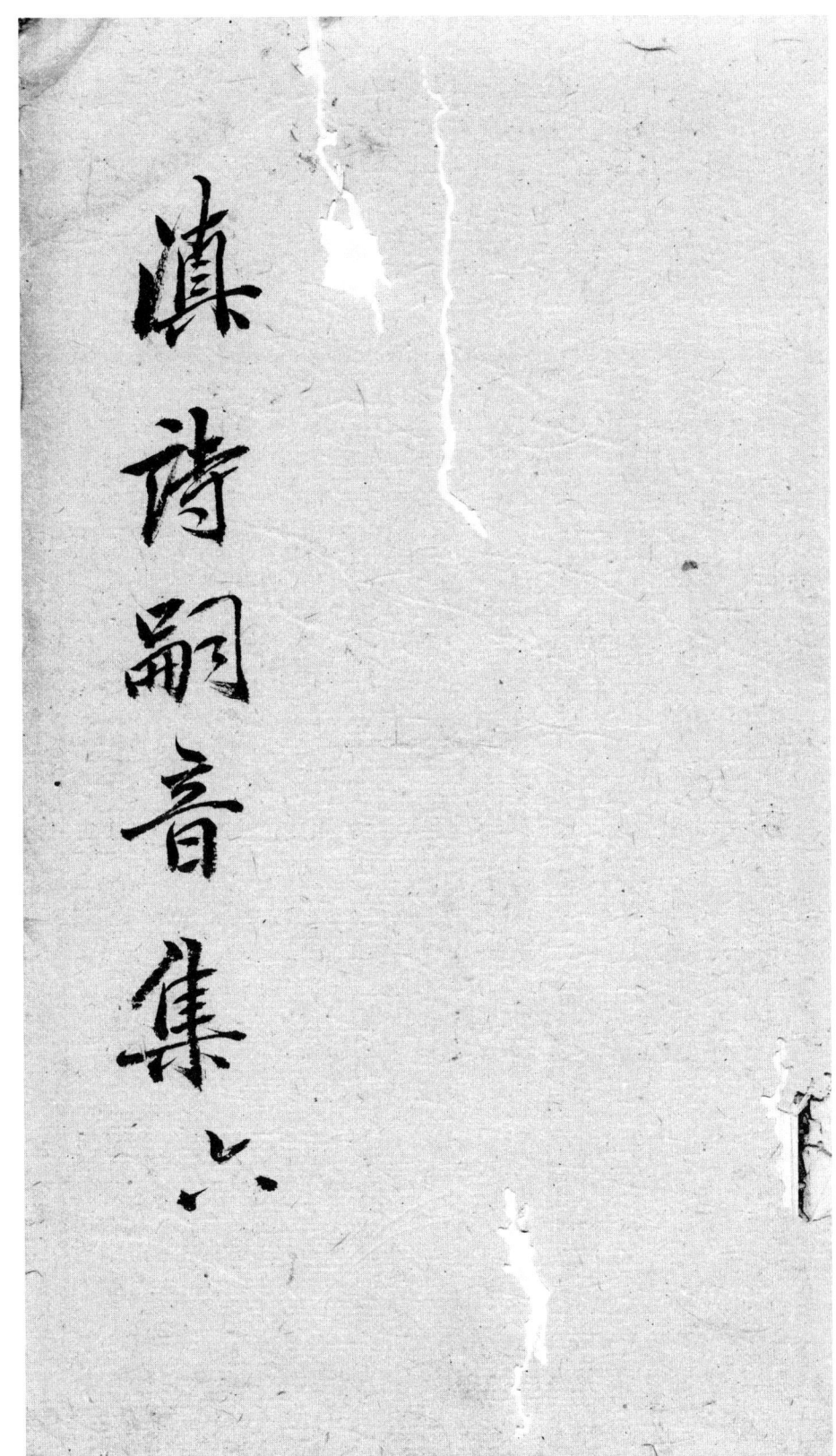

滇詩嗣音集卷十四

呈貢戴淳古村定　昆明黃琮象坤輯

錢允濟號芷汀昆明人議敘官呂堰巡檢有觸懷吟

錄別

啞啞銜哺烏。青青愛日葵。物各稟天賦。至性不相違。奈何遠游子。年年去親幃。昔別雙親健。今別老父衰。慈母不可見。猶存手縫衣。顧此痛我懷。何忍更驅馳。倉空飢雀啼。家寒催別離。苦將晨昏計。又復屬病妻。忍淚辭老父。上堂幾迴遲。老父視行色。未語先含悽。守株致吾歎。離膝致吾思。吾思何能已。望兒早來歸。恐傷老父心。唯唯莫致辭。回視小兒女。寧知我心悲。俯仰不能顧。空負平生期。阿兄走相送。依依話臨歧。西北悲風來。浮雲迷故棲。雁行忽驚斷。銜恨東西飛。

喜宣特亭至自吾鄉夜話

知己天一涯。相思七寒暑。乍見各驚顏。欲語紛無緒。恐復夢中親。執手久凝竚。睇視翦燈紅。茲夕成歡敘。君自吾鄉來。殷勤問閭里。來時吾老親。容顏今何似。徒云游有方。未得親菽水。萬里侍晨昏。特亭隨侍入都羨君情不已。

將出都門值賓彤書南歸即寄家信

飄飄出岫雲。冉冉隨長風。長風吹不住。孤雲無定蹤。嗟哉遠游子。被褐西復東。歸路阻且長。魂夢杳難通。天涯正徘徊。仰見南飛鴻。願因通遠懷。致詞向南中。第道歸期近。莫言客路窮。

潞河舟中即事興感

河水如愁腸。一日幾迴曲。行舟遵往路。紆折自相逐。方看東海雲西山忽在目好風無長力欲去不能速直道久不逢悒悒孤懷觸。

舟暮

餘霞散寒津。秋陰生遠樹。風便峭征帆。快逐飛鳥渡。不知月明時。清夢落何處。

天津舟夜

肅肅霜氣逼。遠夢不吾戀。月落五更潮。殘鐘滿津淀。離懷久苑結行蹤況邈衍。眇眇寄孤舟。容鬢能無變。

泊潯陽月下聞笛

一片西江月。挂在匡廬東。夜色滿江水。山氣與之通。客心正無限。一笛起秋風。

遇風

嚴飆捲江聲。片帆若飛翼。青山逆人來。過眼去不息。天地餘風濤。吹寒白日色。泊舟知有身。百里纔頃刻。

小停雲館消夏

江上停雲館。素心一時聚。言笑生清風。幽林靜無暑。雲來不驚禽。翠深疑作雨。相與坐論文。明月出前浦。

南苑殺虎

聖人以仁除不仁。虓虎噬人鼠視人。捕置南囿東虞裏。迺取春蒐習武士。羽林十二霜仗懸。幔城帳殿開青天。左驂騶騶右騑騑。宗臣司馬皆戎服。腰插大羽懸瑚弓。英姿颯颯生英風。雲擁 帝座層霄上。天威咫尺肅瞻望。一時萬象無譁喧。旌旗耀日龍蛇翻。三千虎賁善搏虎。人各目虎如日鼠。紫身豹首烏皮韡。持矛合圍加星羅。開檻縱虎虎得意。欲前不前尾擲地。一聲怪吼攫人來。腥風捲地飛陰霾。虎旅蹲身轉若獸。意氣從容待虎鬭。虎不近身不施矛。探脇一刺須臾休。一虎乘間突圍出。命騎追射傳呼疾。傳呼未畢風沙開。一士騰躍刺虎回。刺虎不及風雲變。無乃此身是流電。 天子立拔

冠羽林賞賚翡翠雙南金海內昇平百五禩甲兵勇銳
無少弛善射更有飛將軍傳語人間封使君

天津酒樓醉後歌

海上日月跳雙丸北斗晝夜迴闌干光陰不為人少駐
百歲風雲千萬端富貴窮達偶然耳脫劍貰酒成吾歡
天津酒樓天下無眼界空闊雲物殊海色天圍碧島嶼
酒鱗日爛紅珊瑚壘塊消盡氣吐虹三百杯後天地空
神仙蹤跡本縹緲醉鄉即是蓬萊宮古來相接更何有
酣歌倚檻呼天風君不見滄波洶湧礪石摧九河故道
生塵埃疏導神功尚遷變秦皇鞭石胡為哉朝潮暮汐
變今古第見海鷗自去來吁嗟萬事過眼皆蒿萊願借

滄溟作酒杯。

李海務至周店連日待閘

野烏啞啞朝復暮。水落舟停不得渡。荒隄古木破廟風。鎮日坐我蒼涼處。入夜水來上閘開。牽船和月上閘來。月影未低河未轉。依然涉淺空徘徊。七十二閘行未幾。一日一閘愁何已。箕伯徒自揚好風。河伯無端禁流水。尺蠖難伸涸鮒愁。鯨魚空思跋浪游。時哉久滯吾儕歎。此水何獨西北流。

沅州道中

江水清清白石皤。擊汰上沅乘木蘭。迴風吹斷楚雲碧。木葉落盡青山寒。芳草美人悲遲暮。汀洲蘭芷無尋處。

沅江不洗郢客愁潺潺流下巴陵去

師荔扉明府偕諸公相送登舟賦別

新治城邊紅葉稀北風江山雁初飛行人欲別未忍別白日墮地猶依依依依共出郭南路蒼然暝色橫津渡揮手峭帆天一涯渺渺相思隔煙樹

太華紀游

危崖嶂斜日倒作半湖陰隔水雲霞燦入山煙靄深蟬闕餘漢碣牛井證禪心暝色生清磬來尋支遁林縹緲飛樓上秋光萬頃空山分秦地秀池憶漢時功煙塔滄波外蘭城斜日中夜來雙鳥月不照廢吳宮

寄懷宣特亭

別來幾千里。日日費沈吟。舟泊楚雲冷。月明江水深。美人隔天外。山鬼嘯林陰。遠夢無從達。芳蘭結寸心。

暮度神木道中

日落五原郡。征人尚馬蹄。塞荒天近北。秋入火流西。古道青燐冷。邊城畫角懮。鄉心已無賴。況復夜烏啼。

送密齋七從兄歸里

言旋故鄉去。游子思依依。風雪同來路。雲山獨送歸。莫須嗟楚璞。藉可報春暉。堂上如相問。南陔不久違。

灤河七夕

去歲看牛女。秋風函谷關。今宵半輪月。古塞萬重山。天上期無失。人間會獨艱。遙憐幽閣裏。幾度盼刀環。

別雷二陶

同是遠游子。君歸增我傷。與君干薄祿。先我慰高堂。芳
草滿幽谷。白雲多故鄉。扁舟獨未返。揮手淚霑裳。

宿飛雲洞

黔山千萬疊。我馬愁崔嵬。獨此萃靈秀。豁然塵抱開。巖
雲不飛去。流水忽穿來。一片月潭月。偕予酌酒杯。

舟夜書懷

小艇泊秋渚。波搖殘月輝。草蟲寒不寐。江雁夜還飛。一
病成吾是。三年入夢非。山中有蘭蕙。紉取佩初衣。

江山

萬古此江水。滔滔東去流。橫分天塹險。直下海門秋。明

月來京口寒潮上石頭乾坤多別恨風浪幾時休

舟中夢尋廬山東師荔扉明府

名山如好友別後總關心江上一相見夢中還獨尋側身近南斗回首失東林似隔君眞面篷窗月色深

晚泊清溪

淸溪溪上泊霜葉落紛紛鳥倦初歸樹山寒半入雲秋蟲雖已歇灘瀨豈堪聞不寐懷前路孤舟坐夜分

展先塋示諸子姪

憶昔如兒幼隨親掃墓前倏余垂雪鬢汝拜松阡每遇春秋日猶思杖履年可憐生養薄終勝祭肥鮮

懷袁蘇亭

東風作春信。吹雪復吹霜。一夕梅花發。滿林明月香。美人不同賞。夜色冷孤芳。佇立思千里。寒煙空渺茫。

月下有懷龍泉觀唐道人

心隨天際月。飛照石壇松。流影似空水。清暉冷碧峰。無人共幽賞。有鶴伴孤蹤。遙憶棲雲處。白雲深幾重。

月夜悼亡姬倏然成夢醒而有作

明月流清影。彷彿君入座下行雲縈遠思。倏我在江東。不滅形容舊。猶然已況齊帶回入萬里。寒葉一林風。

寶兒往西山多極村數日未返感賦

別離無遠近。總是一般心。昨夜寒風發。生愁雨雪侵。夢魂逐兒去。憂思入山深。同今倚閭日。悲來淚不禁。

送楊獻廷歸大理

故山晴雪裏。歸路夕陽西。馬首一千里。龍關十八谿。到家及新歲。芳草滿幽蹊。好養秋風翮。園林莫久棲。

五日自山東返都晤從弟質夫

海風吹客來千里。蒲艾迎門巳夕曛。下馬同傾燕市酒。征衣猶帶泰山雲。劇憐此日萱花發。猶記初春雁影分。向夕西堂空旅思。煮梅重酌慰離羣。

駕幸熱河恭紀

茫茫部落連關外。歲歲　鑾輿出　禁中。雲裏　幨宮青嶂合。天邊　輦路翠微通。明星夜聚千官火。　仙蹕朝騰萬馬風。自是　君王重柔遠。不因游獵詠車攻。

大觀亭即景

大觀亭上走風雷。檻外雲陰鬱不開。龍挾雨聲歸海去。虹分霽色渡江來。岷濤直下彭郎石。天柱高懸皖伯臺。憑弔余公危戰地。浪花怒捲楚城回。

江上詠蘆花

西風嫋嫋楚江清。冷渚寒汀雁幾聲。秋水懷人霜乍白。孤舟臥病月偏明。自憐鷗共浮沈影。誰信蓬爭去住情。一夜蘆花愁不寐。頭顱如雪壯心驚。

乙丑九日集小停雲館呈荔扉明府

葉飄寒色歸幽戶。雁帶商聲落遠沙。對此一樽須盡醉。誰能九日不思家。自憐衰鬢如霜草。各有秋心對菊花。

羡煞瑯琊老詞客故山登眺興無涯

月夜江行

晚潮初上片帆懸秋氣蒼茫望杳然月色到江都化水
山痕入夜欲成煙霜清烏鵲聲中樹客渡魚龍影裏天
鐵鎖石城懷往跡高歌擊楫不知眠

抵望江呈荔扉明府

秋風一別向金沙看盡浮雲變暮霞爲訪名山偏失路
仍依好友似還家愁中歲月添詩草老去風塵澀劍花
此地因君暫留戀昆池歸理釣魚車

中秋與張竹軒作呈荔扉明府

向夕西風生渚蘋微雲埽盡碧空勻一秋月好惟今夜

萬里情深有故人。江氣白通花裏閣。桂香濃拂酒邊身。不知來歲清光滿。水調聞歌何處濱。

秋窗與竹軒閒話

雁聲昨夜渡江湖。露欲爲霜草漸枯。萬里關河雙鬢短。三秋風雨兩人俱。乾坤不廢詩兼酒。窮達非關智與愚。賴得同君話晨夕。天涯未覺旅情孤。

客窗曉起

客路青山萬里長。頻年蓬轉思茫茫。可憐兒女移家久。歸夢還尋舊草堂。

爲荔扉明府作畫郎以題贈

江南百里憐羈驥。楚北三年笑抱關。都是繫匏歸未得。

爲君著意寫家山。

萬本齡號香海昆明人監生官縣丞

秋懷

耿耿銀河横。瑟瑟清秋節。隱隱聲西流。皎皎白於雪。遥遥牛女星。默默心如結。天公應有意。故爲兩情設。何以及元英。淡淡影欲滅。試問嚴君平。伊當別有説。

緬彼華山高。羊腸千盤翠。上有古仙人。躬躬隱於睡。而我苦秋天。飄轉難成寐。何由希其蹤。不羨百幅被。

我師錢夫子。策我向義方。論道邇顔孟。作賦準班揚。百家咸歧徑。六經洵康莊。一旦忽分飛。十年參與商。小子游燕趙。先生返舊鄉。日月亦云邁。邑邑結中腸我有及肩弟虎頭癡莫比席塵恆湛如服韡似曳屣志好狂詩書常先雞鳴起歡然早色笑肅然進甘旨滿座盡喧嗷恬然不露齒人生手足良家肥自可企夙昔每念之念之隔萬里何日聚青氈與爾勤琢砥

五載客長安欲爲寸祿謀學疏智復拙汲汲空所求以此自怨憤讀書百尺樓被褐左思句對之益慙羞

入夜增寂寞散懷登層樓置身百尺上遠盼萬里秋共此一輪月兩地各悠悠欲挽昆明水使之東向流

古劍歌 有售古劍者索直甚鉅罄數日而歸之

銀漢橫練月流空短襟禿袖捧青童頻拭霜鍔失溽暑始信伊昔鑄冶工太乙下觀然狂杖飛廉呼吸驅長風

洪爐中漾太始雪刮地影瀉三尺虹千年塵封今復見寒芒月射眼花眩試看百丈怪光騰應是五色奇石鍊純陽拂袖揮青蛇玉女投壺閃紫電不入長橋斬毒蛟去取徒爲人所賤公莫舞聽卬歌人生行樂何遑他方今　聖世泰階平懷寶還須配紫綰匹夫之技不足學縱爾雙會延平波

子夜聞潮退歌

巨鼇頭戴蓬萊舞澎湃還疑雜風雨翽翽習習接長空素鶴飛入會稽鼓月色漸低聲漸遙青燈四壁照寂寥有客貪眠復擁被醒來紅日疏窗高

海上早起觀日出

啁哳渺然石雞鳴。涼月西下森陰陰。嚴霜刷地峭寒侵。赤岸須臾白雪粲。圓蓋凝碧夜將旦。炎爓飛騰如煉炭。力士捧浴咸池中。水沫濺漬搖長風。滄滄涼涼金拄鎔。若木漸高枝間砢。吐花似湧蓮中火。亞紫垂紅萬千朵。金蛇颯沓射浪開。騎馬駸駸騰波來。遠近雞啼曙光催。君不見古人謂日長千里。吾將東叩鬱儀窮其理。

大雪寒甚戴古村以短歌見示走筆和之並柬謝

石臞孫璞山

生平欲作九州被與萬間屋。吁嗟乎躊躇。一人襘褕猶窘蹙。腸轉車輪腹苦飢。璆琳琅玕忽滿目。古村之詩眞可讀。一讀再詠氣如虹。王元寶。曹景宗。赤羽白羽如日月。餓鴟鳴叫平澤中。南山詎止萬株松。一松一縑臣可供。吾徒所貴適意耳。何須他年爲三公。俯仰一笑海天空。萬玉妃從萬玉龍。開貪玉戲意從容。瓊琚環珮鳴琤琮。珠璣錯雜玉瓏鬆。隨地無聲不可拾。阿誰出游獵五縱。銀杯滿路驢隨驚。縞帶橫衢車鬬風。傾城貨財何足道。所貴時和年屢豐。黃竹之歌不必續。梁園之賦徒能工。共我素心人。擊劍吼生銅。寒氣侵淩孫康案。青氈不煖類冬烘。詠絮才高住城東。畫蛇之足不可以得酒。謂逝日一事木棉之裘烏足以禦冬。千載而上。千載而下奚必阮籍而後涕途窮。

晚夏即事

新得唐人帖。晴窗著意鈎。嫌伊來豹脚。拂我寫蠅頭。習靜翻多慮。閒吟易及愁。敢言求分外。早晚望清秋。

雨至

雨至涼生座。憑高眺遠坰。茫茫連海色。颯颯帶龍腥。層疊雲堆墨。因依樹泛青。晚來芳草滑。餘響隔窗聽。

秋夜

山郭鐘初動。疏籬月影斜。蛩聲醒蝶夢。白露溼黃花。鄉思宅三畝。客懷天一涯。秋林非覓句。寂寞手頻叉。

漫成

春草眞無賴。春江不可當。芊綿復浩渺。目極楚天長。感在榮枯外。身猶莽梗鄉。有家隔萬里。應亦悵斜陽。

初夏夜聽雨分得無字

滴滴滴客耳。垂楊三兩株。喧同寂一致。睡與夢俱無。草木肥殘綠。江湖冷故吾。微吟愁亦結。新舊旅情孤。

晚霽

悠揚落日下高柯。滴翠山光擁黛螺。小立閒階秋瑟瑟。西風吹碎一池荷。

詠扶桑花

誰從瓊島種奇葩。赤日初升爛紫霞。措大不知滄海事。幾回錯認是山茶。

登芙蓉樓

鄉關南望路猶長。獨立高樓思渺茫。如此人方官一尉。

從來才命兩相妨

楊　暭　字方昶劍川人歲貢生

棄婦詞

嶺上有孤松澗邊有槿樹同林不同根纏綿安得固憶昔識君初風塵通一顧裏腸忽交傾芳盟結遲暮長擬比翼鳥形影同去住奈何君子心始卒難爲據朝珍陌上花暮萎園中露願君惜歲華莫使春光度及早覓同心新人當勝故

孟定謠

客孟定難言命炎炎絕域徭時令二月草初青孟定不可行七月露初白孟定不可客穀雨瘴繼穀花瘴妖氛

毒氣殊千狀外方客游子十箇九人死此客旣已死彼客復來止鳥殉食人殉財蠻煙瘴雨掃不開年年白骨生青苔

呂煜 字亦昭南甯人歲貢生有曉村詩鈔

近郊晚步

牛羊不來候返照在山明衰草自秋色長松多遠聲

倪國正 字克生楚雄人歲貢生

金粟菴晚眺書事

縱目飛鴻外蒼茫落照間江流低抱郭雲氣亂埋山遠戍秋多瘴嚴城夜不關憑欄無限思愁絕詎能刪

夜坐

衆妙觀宜靜。秋深露作烟。耽幽萬籟寂。獨坐一燈懸。閱世甘牛後。歸期在雁先。家山貧亦好。風月不須錢。

會德光號芝田建水人

和吳曉船太史游普寧寺韻

寺擁南屏下。寺後即南屏山天空望泬寥。鶴巢山頂塔。虹臥澗邊橋。落日漁家網。香風酒市瓢。不堪風力緊。落葉晚蕭蕭。

師戩字法言趙州人諸生

雨後晚眺

木落崖氣枯。雨寒冬日短。蕭蕭勁風來。雲開山自遠。斜陽欲西墮。林間飛鳥返。徑僻少行人。昏煙漠然晚。

曹樸 字山民號石南趙州人諸生有石南詩鈔

漁窩丹青

巉崖如飛雲。縹緲淩虛覆。懸空石欲墮。乃以古藤束。下有漁人居。半借崖作屋。家住雲根深。人在雲際宿。桃柳自成村。雞犬亦不俗。天外鳥飛還。炊煙起山曲。想見穴居風。悠然對空谷。

景賢亭聽琴

虛亭撫瑤軫。爽然清我心。幽篁雜清籟。涼風嫋餘音。月湛碧池水。夜沈芳樹陰。渺渺春山空。白雲深復深。

題龔簪崖畫

簪崖仙去不復返。惟餘翰墨留人間。陳子把來一展玩。

水是眞水山眞山。疏樹半掩崖口屋。層巒高蕩空中煙。令人興發不可遏。直欲振袂崖之巔。贅崖昔在山中住。風月吟哦歷朝暮。恨我當時未即闢。畫圖無乃即其處。披圖惆悵白雲渺。山中人去芳蹤杳。永叔孤亭衰草多。冷落一溪泉石好。

昆陽晚眺

何事秋尤爽。長天正晚晴。暮煙低遠岫。潮氣上孤城。目共海天碧。涼從衣袂生。徘徊不覺晚。纖月出波清。

登龍關城樓

關勢雄龍尾。由來幾戰爭。亂峰橫落日。一水抱孤城。衰草唐時冢。荒煙漢相營。祇今獨登眺。風雨作秋聲。

夜坐

孤村羣動息。江閣夜初沈。明月一杯酒。清風修竹林。鳥巢棲夢穩。人語隔煙深。獨坐不成寐。悠悠物外心。

冬夜花軒晤張紹武

相逢非是夢。乍見卻疑猜。灰裏餘生在。適遭回祿雪中之子來。離愁將竹埽。倦眼逐梅開。不盡通宵話。銀缸酒一杯。

被放客昆陽九日登城樓

瑟瑟西風滿敝裘。何堪令節獨登樓。蕭疏木葉山城晚。蒼莽煙波海國秋。白墮未銷羈客恨。黃花空結故園愁。此行一事差堪慰。重把新詩紀舊游。

龍關館中書懷寄友

獨坐高樓背遠汀。石門風急雨冥冥。幾時春向花邊去。無數山横樹杪青。畫不濃妝惟自賞。絃揮古調倦人聽。剡藤寄語知心侶。江上羇懷滿鬢星。

村館秋杪

重陽風景太悤悤。野客清宵思不窮。明月孤村秋水外。殘燈小閣樹聲中。瓢詩每羨唐求滿。斗酒殊慚李白雄。絃譜陽春誰與和。碧蘆遠岸響賓鴻。

屋被回祿寄居西城病中作

敝廬一夜作灰塵。暫向西城寄此身。患難餘生還抱病。風花寒食獨傷春。隨攜書卷無多物。便可棲遲不問鄰。幸有好山開倦眼。夕陽樓外翠嶙峋。

鶴拓乃鶴慶州城非大理城之誤

葉榆城西晚眺

鶴拓城西四望開。河山襟帶亦雄哉。秋明遠浦帆初去。雲起中峰雨欲來。黄葉亂飛宏聖寺。暮煙遥認武侯臺。段蒙險隘終何恃。故壘於今只草萊。

九日登瑞雲觀後山

仙都斜枕碧崢嶸。旛節高張九日晴。雁帶暮霞低遠塔。山圍野邑擁孤城。黄花世界秋容老。紅樹樓臺夕照明。更喜塵囂都寂静。天風吹下步虚聲。時羽士禮斗

游仙

洞門瑶草護丹霞。洞裏誰期更有家。千載蟠桃方結實。不知何日更開花。

尹　輔字元賓昆明人諸生

示諸兒

人不離世間。安能遺世事。上有父兄歡。下有妻孥累。儻使凍餒乘。能免中懷愧。爲學先治生。斯言良不易。託業隨卑微。立身防恣肆。事事若無虧。時時庶無愧。通塞在彼天。勿干亦勿棄。

沙朗里訪孫約之

亂山下層疊。塵慮忘局戚。幽境異人寰。豁然忽在目。近村徧芳塍。依林多板屋。柴門扃松陰。石橋過牧犢。主人感索居。延客破眉蹙。睽違增慕思。言笑故眞樸。置酒招鄰翁。同斟雞黍熟。夜靜更挑燈。晤言千古足。

郭維元字德一復姓李昆明人諸生

寄胞兄

鄉心殊耿耿。鄉信故遲遲。人老關山外。愁深風雨時。臨牋空有淚。援筆總無辭。幾度惟孤夢。歸縈庭樹枝。

孟介石昆明人布衣

九日

世事都如夢。翻然坐竹牀。呼兒和菊酒。屬婦補荷裳。風雨寒簾外。琴書老案傍。崎嶇經已慣。不用踏高岡。

張從孚字虛舟太和人監生官縣丞有介石山房初稿

晚蟬

晚蟬果何意。鳴向小窗前。一樹微風起。千山落日懸。高甯爲物累清不受人憐。藉爾長相警。吾將俗慮蠲。

夜渡黃河

月黑走黃河。無風水自波。雲連帆影動。寒入雁聲多。長路誰相恤。扁舟此暫過。梁園明日到。扣榜且高歌。

舟行雜詠

一灣春水碧瑠璃。細雨微風聽竹雞。夾岸有山通曲徑。人家多在柳橋西。

湯　銘　字濯齋呈貢人貢生

舟渡昆池抵高嶢

秋漲仍無減。舟行趁晚涼。虛弦驚落雁。擊楫起飛鴒。煙樹連天碧。汀花夾岸香。疏鐘聲未斷。燈火出漁莊。

陳　達　號臥廬宜良人貢生

巖泉寺無月夜

此地雖無月。憑闌夜亦清。飛星從樹下。落葉過燈明。雲變鬼神狀。竹來風雨聲。暗中泉更響。聽久薄寒生。

畫月梅

日落蒼煙野水濱。也知珍重歲寒身。冰心一片孤無著。只有空山月是鄰。

萬重質　字古崖開化人貢生

寄李達泉

采擷塵塵外。幽芳不謂無。歎葵知漆女。作論喜潛夫。徑菊秋華澹。庭松晚節孤。向來清賞地。更欲一筇扶。

艾　濂字玉溪嘉慶戊辰進士官甯國縣知縣有蝨吟草

勞農篇

東鄰刈晚禾。西鄰播早麥。終日事南畝。休息無片刻。尺土不容荒。身勞力已竭。嗷嗷數口家。飽食竟未得。民飢由已飢。如何不心惻。書陳無逸篇。艱難是稼穡。勗哉爾農夫。食用必撙節。莫待水旱交。仰屋歎無策。

中秋望月有感

去年望月月光華。今年望月浮雲遮。同是一片團圝月。撫懷不覺長吁嗟。此時家中亦拜月。香燭瓜果皆羅列。拜畢堂上弄孫曾。對月翻恨逢佳節。我是天涯淪落人。去官一載仍羈身。此月此時照故土。此心此夜思嚴親。

人生莫謂爲官好。萬里關山歷遠道。心欲歸時身未歸。月下自憐人已老。

水石口 俗名倒馬坎

石磴倚江干。形同蜀道難。每當連步上。不敢轉頭看。馬足經霜滑。猿聲隔水寒。行人休躑躅。西去夕陽殘。

送騰越州尉俞公歸養

也識忠君即順親。難羈萬里遠游人。萱幃盼子惟防老。絕域思家不計貧。事異王裒詩可廢。情同李密表先陳。遠羨得遂烏私願。晨夕承顏樂自眞。

送二弟歸省

一行作吏宛溪頭。行止眞如不繫舟。回首鄉園八千里。

可憐君去我仍留。

陳鉌 字家如楚雄人嘉慶戊辰進士官知縣

秋夜泊荊門關

柁上濤聲鬧上舟。天涯倦客枕淸流。殘宵犬吠疏林月。隔岸蟬吟古樹秋。豈爲魚龍驚不寐。都緣枮杵易增愁。滔滔逝水荊門下。漫羨乘査八月游。

滇詩嗣音集卷十四終

謝瓊曾任洱源訓導

滇詩嗣音集卷十五

呈貢戴淳古村定　昆明黃琮象坤輯

謝　瓊　字石臞昆明人嘉慶戊辰恩科舉人官祿勸縣訓導有彩虹山房詩鈔

秋日偕王玉海憩湧泉寺

山沈久不雨雨過山如醒清輝射林樾一一開畫屏石骨含餘潤嵐光浮遠青陰崖秋氣來萬木風泠泠飛泉濺寒綠流響入空亭安得卜鄰住與子老郊坰

旅夜

客子感寒夜微吟怨離別眼前滯青雲頭上侵白髮兀坐旅館中歸心滿明月

冰河小泛懷王匏生

連朝風力勁吹凍津沽水小舟冰上行如坐玉壺裏曠
懷素心人咫尺同萬里欲寄一雙魚波寒釣不起

秋夜

梧桐一葉飄金井窗下銀釭弄清影強起褰簾不避風
爐煙未燼香微引濛濛香霧溼鬢髮夜靜山空桂花發
悵望星河離思生冰絲獨坐彈明月

唐二南過訪

快友如君少豪情勝我多論詩宗白傅開口瀉黃河花
月心猶繫風雲氣未磨來春桃葉渡小婦定能歌

之琅井敎官別家人

已恥爲游客何辭作冷官苦貧行路遠垂老別家難斜

日匿山盡。朔風吹袂寒。故園一回首。煙樹已漫漫。

春游感舊

朱闌隔岸映晴波。向晚尋春放艇過。溪月白摇人影亂。夜燈紅上酒樓多。座中且制青衫淚。花下聊聽翠袖歌。回首當年舊游處。翩翩裙屐渺山河。

春草

肯教楊柳占清明。陌上橋頭綠意迎。低拂暖風三月遍。遠隨春水一江生。吳宮滿地斜陽恨。楚望連天故國情。寄語深閨莫相怨。青青原不到邊城。

立秋日宿福德菴見月示玉海丹亭

晚風翻樹霽雲收。暖暖墟煙遠近浮。山好不嫌連日雨。

月涼先得一分秋。溪橋倚石看新漲。野寺挑燈話舊游。詩思忽來難合眼。況兼蟲語在牀頭。

彩虹山題桂香閣壁

殘碑拂拭已塵昏。桂殿歸然今尚存。古瓦墮階猶帶雨。荒藤牽蔓欲過門。谷風腥處來飢豹。山果紅時下野猿。過客不須嗟冷落。青山依舊屬兒孫。

得楊丹亭書

不共登臨又五秋。篇章德祖憶風流。三更夢斷雲迷路。一紙書來月滿樓。黃葉林深門寂寂。蒼山峰遠思悠悠。遥知紅燭青尊夜。幼婦詞成幾許愁。

讀靖節集書後

豈爲微官恥折腰。晉家王氣已全消。百年高隱歸三徑。一柱狂瀾砥六朝。籬下有花常獨采。社中無酒莫相招。祇應甲子詩編罷。酣卧羲皇夢也超。

讀東坡集書後

瓊樓空有愛君詞。又見仙人謫一時。赤壁山川孤鶴夢。烏臺風雨蟄龍詩。西湖手澤餘楊柳。南海心情付荔支。老向華嚴開悟境。文章千古足吾師。

大觀樓題壁

憑欄披滿大王風。氣象全收入座中。西去水聲奔萬馬。北來山勢卧長虹。樓臺一帶開煙雨。烽火千年冷段蒙。幾度酒酣難落筆。上頭題句有髯翁。

張溟洲太守以師荔扉先生柩還滇感賦

早負才名走四方。得官猶自滯雷陽。生多著述終傳世。老死風塵總戀鄉。萬里誰歸窮宦骨。一書已斷故人腸。妻孥寄托尋常事。不覺交情憶范張。

襄陽道中

朔風獵獵透征裳。仗得宜城酒力強。遠岫雲陰含暮雨。大江帆影亂斜陽。浩然亭在煙霞古。叔子碑存草樹荒。小住登車又前去。黃塵十丈馬蹄忙。

津沽春泛懷玉海渴園

柳色津門弄晚晴。斜陽獨泛一舟行。八千餘里客懷遠。七十二沽春水生。雨後怕看花逐浪。風前愁聽笛飛聲。

回思燕市同游伴。雲際偏多極目情。

秋日同倪輝山明府嚴晴江貳尹登五雲樓

路入洋城覓勝游。共君登眺正高秋。地分秦蜀窮千里。天與江山壯一樓。醉索參軍新粉本。晴江善畫山水吟思太守舊風流。有文與可石刻蒼茫滿目憑欄處。不見鄉關動客愁。

送同年李達泉中翰歸晉寧

遠山浮綠水涵青。三月煙光入畫屏。細雨看花湖上寺。春風送客柳邊亭。舟逢有道期同濟。酒對無功忍獨醒。帆影忽隨斜日盡。蒼茫小立思冥冥。

題四景圖

何處問人家。多在白雲裏。斜陽下峰頭。時有炊煙起。

夕佳閣

憶我少年時讀書此棲託。薄暮一憑欄斜陽滿高閣。

雨夜

秋聲起遥夜。枕上寒蛩語。客夢亂芭蕉空堦滴殘雨。

北館

連朝臥病掩重門。初起難禁酒一樽。暮雨垂垂孤館靜。紅藤花下坐黃昏。

題枕石待雲圖

斜陽倚石意徘徊。薜荔衣霑石上苔。畢竟白雲勝流水。出山依舊入山來。

陶致用　字達甫宣威人嘉慶戊辰恩科副貢

擬陶丙辰歲八月中於下潠田舍穫

種苗在東皐。時至苗自熟。秋風自西來。吹我田中穀。眷言事西疇。因之得所欲。早起急阡陌。晨光動茅屋。衆鳥呼儔侶。紛紛啄我粟。刈穫須及時。歲晏一何速。務閒作春酒。舉樽聊自屬。笑談及鄉里。欣然慰果腹。

送宋雲湖回江川

歲暮獵獵朔風起。游子思歸檢行李。陸驂蹇驢水乘船。收拾山川入眼底。江陽才子宋雲湖。壯志欲將大雅扶。襆被攜笈來復去。於我交分過蕭朱。來如矯鶴矗雲下。去似長空走天馬。昨宵話別索贈言。僕亦久游未歸者。聞君欲去不勝情。觸我羈愁對短檠。挑燈相對留不得。

空唱江東與渭北。

哭段昭文

我欲問天天悠悠。上有虛無縹緲之玉樓。歲久無端玉樓圮。又煩棟宇重雕鏤。神工鬼斧四萬八千衆。丹堊塗茨皆汗牛。唐李長吉記亦毀。誰與作者費冥搜。眞宰上天訴。徵詔窮九州。天帝忽憶二十載。曾遣詩人下界游。命彼遺塵世。歲事無停畱。巫陽爲之請。斯人未可求。上有苦節母。撫孤志何酬。兩世懸一脈。諸父已白頭。畀才如此不畀命。恐有殘魂怨氣涕春秋。帝謂巫陽汝休。人世夭壽。達觀齊短修。無所繫戀兮恩讐。無惡於世兮勳猷。言足以存學足以立兮箕裘。嗚乎上天之意信若此余惡夫涕出無從交迸流。

盧氏兩烈婦行

嚱烈哉疫不能死而不能禁其死。不奪於父母之命而懼其身之存。無以各對其夫子嗟哉烈婦。一有翁姑一上有姑。甯不欲從容就義。爲其所難。乃僅僅以捐軀心皆如石不可轉。胡世之人不察。更以不入耳之言交相勸勉。嗟哉烈婦。不求人知。中夜飲泣中心悲。舍生取義相爲師。忠臣烈女。其生不苟。彼造物之極力以鍾毓者。每不爲其獨而爲其偶。張與許傳交居。謝右於今趙范更先後。歷千秋百世。我知必有感發興起。相與唏噓太息於盧氏兩烈婦。

羅漢壁觀月

天風吹水拍壁立。仙人拾珠踏浪出。色正芒寒握不住。拋向長空霧氣溼。上下掩映金銀臺。長嘯劃然煙雲開。生恐咳唾隨風去。玉宇涼高輕露來。如此清華豈易得。澄鮮秋氣濯冰魄。錯認梯雲游廣寒。霓裳羽衣一片白。我來恰是三五期。夜深獨自凭欄時。明朝須洞萬頃外。更看羲和敲玻璃。

太華山

羅漢壁立將軍嚴。旗幟森列戈殳銛。太華靜鎮如宰相。紱垂龜魚笏搢象。移步換形原一山。始何猛厲今何閒。有如大才備文武。掃熄烽燧胙茅土。一時拜命趨九重。

玉佩威儀無躁容。今我來游見朝謁。雲中隱隱黃金闕。

周張氏殉節

周家小婦始徵駿。冰雪心期矢一片。主翁云逝春秋高。此身一笑輕鴻毛。金比心貞堅。還比情纏緜。金環入腹內餘生還所天。腸斷脈溫勢不起。慷慨捐軀爭一死。死生之際亦大矣。

席　樵字芳谷昆明人嘉慶戊辰恩科欽賜舉人

立秋日送陳正兼憶子福

秋聲一夜動蒹葭。霜鬢無端感歲華。老去山川常在眼。貧來兒女慣離家。馬前碧樹初飛葉。江上紅蓮久作花。欲道寸心更悵望。前程天遠夕陽斜。

靜室富民縣靈芝山

路轉千盤已近天。陰橫萬樹翠微連。高巖殿閣穿雲竇。倒挂藤蘿礙瀑泉。澗底鹿行疑動石。松間鶴過不開煙。清幽到極塵緣斷。定有高眞時往還。

丁傑號興齋保山人嘉慶己巳恩科進士改庶吉士官至翰林院侍讀學士

柬楊清臣年前輩

憶昔壯年時。抱罷游燕市。同袍五十人。濟濟稱多士。臭味侔芝蘭。情誼篤桑梓。願言素心人。白首長如是。奈何卅載餘。落落晨星似。余忝厠冰曹。株守老京邸。曉園樂日下來。與君三人耳。蒼蒼同在鬢。而君首屈指。同年中清臣前輩年爲最長一樽持奉君。無言澹若水。人生晚節難。相期保終始。

杜薇之 號浣花昆明人嘉慶己巳 恩科進士改庶吉士官榆林府知府有浣花詩鈔

祿豐道中

五里過一塘十里過一驛。肩輿行山深頗勝。尋山屐山峰矗雲鬟。山根排奇石。紋如披麻皺。間以大斧劈。莓苔綴冷翠。旁有孤松碧。寒泉出其根。清淺不盈尺。濺濺達細流。下漑田千百。竊恐湫窟間。亦有蛟龍宅。

擬古

崇岡何崔巍。言生蔦與蘿。根蟠石隙固。施彼青松柯。青松立百尺。上與雲霄摩。糾藤爭比附。引蔓相婆娑。密葉蔽鳥雀。清陰翳陂陀。嘗恐秋節至。涼風吹江波。一旦容華改。攀附將如何。

劉陽放舟

出郭挂征帆。寒嫩散沙渚。水氣結朝雲。縷縷低尺許。不辨竹中村。第聞煙外語。

鞭龍行

火雲赫赫燒晴空。赤日爍金炎光紅。田疇龜裂苗亢死。叩天禱雨哀村農。滇南禱雨異風土。披髮跣拜迎佛祖。木魚橐橐佛聲悲。呼天不應淚如雨。我入龍湫騎龍背。淒風簌地天冥晦。雷公下擊飛廉驅。霹靂一聲山石碎。金蛇鞭龍龍拏攫。奮鬣挾雨淴噴薄。傾盆撼瓦苦不多。倒挽天河澆旱涸。滂沱三日霑渥遍。行潦停汚積芳甸。

乳鳩啼樹復新情。天涯一碧秧葱蒨。

插秧行

西邊出日東邊雨。木龍吸水喧河渚。泥犂三尺土膏融。揮鞭叱叱耕黑牯。陌上聲聲人賣秧。低田秧綠高田黃。阿嫂栽秧小姑饁。白魚青筍麥餅香。棊盤遠界溪橋路。雨笠煙蓑急農務。鄰家新婦纔三朝。昨日梳妝下田去。

右臂為風所襲痛苦旬日戲作長歌

虛堂醉臥碧紗帷。凜冽寒氣砭膚肌。使我右臂苦病發。有如老鶴淋雨翅低垂。憶我少年時。猨臂善射颯英姿。鞲鷹挾彈無閒時。揺曳柯亭竹。攏撚冰蠶絲。有時奮腕興淋漓。揮毫落紙雲煙馳。丹青篆刻靡不為。自昨二豎惡作劇。纏縛形如槁木枝。風淫痛引肩背裂。溼著嬾運筋骨瘦。囊琴久不彈。積塵生硯池。半月袖手第靜坐。雄談那復松塵麈。長街掉臂今已矣。奉君老拳何由之。豈是折臂兆。叔子豈是折肱稱盧醫。天地喻指物喻馬。莊生蟲臂聊解頤。一笑還飲三百卮。縱使右絀有左支。酒盃蟹螯容我次第持。

九日

九日仍風雨。情懷倦欲休。鐘沈青嶂夕。雁斷碧天秋。薄酒不成醉。寒花總是愁。何人吹玉笛。獨倚最高樓。

中秋

獨坐中秋夕。天涯景倍明。可憐今夜月。偏動故園情。吹

笛闗山遠懷人風露淸遥知千里共各照酒杯傾

便水驛

旅館風窗坐江村半夕陽青魚頻入饌白石取支牀月色秋山遠灘聲夜枕涼自來原不寐何況是他鄉

五人墓

黨禍激東林璫權大柄侵百年培士氣一擊快人心碧血霜花冷青楸暮雨深天陰宵月黑似有鬼雄吟

瑞虹舟中月夜聞雁

搖落湖天迥蒼茫白露秋西風吹斷雁斜月滿江樓客夢頻敧枕歸心不繫舟推篷一惆悵雲樹渺汀洲

聞夏樸齋之武昌

聞道今秋杪。扁舟下武昌。啼猿巫峽斷。去雁楚天長。水驛荆門樹。宵篷鄂渚霜。君如見黃祖。休恃禰生狂。

碧嶢別墅

草閣蕭齋淨夕暉。溼燒紅葉茗煙微。晴空翠撲千峰近。江澹雲拖一雁飛。松竹繞庭幽興劇。琴書敧枕素心違。年來久怙煙霞癖。不爲蓴羹鱸膾肥。

抵家見竹喜作

滿目蕭條盡改觀。獨鄰疏竹尚平安。舊梢已長四五尺。新篠還抽十數竿。卻掃石牀支玉局。漫移茶竈拂花闌。天涯半載苦相憶。從此青青結歲寒。

荆江舟中遇雨懷徐吟竹同年

煙樹蒼茫島嶼青。楚天不斷雨冥冥。長江波浪來巴峽。迴野雲陰接洞庭。雜沓魚龍噓宿霧。淒涼鴻雁叫寒汀。臨風儘有懷人句。寫徧荊南舊驛亭

聞秋 四時遣興之一

萬里澄鮮秋氣清。一天星月近三更。搖階竹影兼梧影。竟夜風聲雜雨聲。紅蓼江空哀雁過。綠莎露冷亂蛩鳴。愁人不寐還攲枕。側耳偏令百感生

柳煙

萬縷新條劇可憐。濃陰綠罨一溪煙。濛濛遠羃初晴雨。漠漠低垂欲暝天。李白詞平林漠漠煙如織 燕影迷離春社日。鴉聲杳靄灞橋邊。青枝莫折行人手。留取溪頭籠釣船。

楊松重九

重陽無年不風雨。兀坐那復谿高眸。此日萬里送秋雁。
況與一僧開竹樓。翠壁劃天劈斷峽。江濤捲雪喧清秋。
野店菊花何處得。濁醪聊遣古今愁。

和胡雲階贈別原韻

分袂天涯又早秋。梨園歌管悵同游。欲知別後相思地。
綠酒紅欄十二樓。

昆池竹枝詞

鷺外紅綃捲暮霞。煙波浩渺夕陽斜。聞君舊住漁村裏。
疎柳柴門第幾家

游靈隱寺

支天瓔珞鬘鬅鬙金色莊嚴妙相凝最後一龕燈火寂
肉身傳是濟顛僧

倪　玢　號輝山昆明人嘉慶己巳　恩科進士官江山縣知縣

九日同謝石臞登五雲樓

憑闌頓覺展吟眸歷歷江山入望收天漢遙趨三峽水
夕陽高挂五雲樓卻憐風雨洋川路不似芙蓉翠海秋
遠憶鄉園感久別那堪佳節客中游

武次韶　原名家棨字交美嘉慶己　恩科進士官知縣

農家曲

刈麥望天晴插秧望天雨晴乾秧漸枯雨溼麥漸腐安
得天公一日變陰晴日不曬下畦田雨不落高原土

錢佳椿 號仁山南甯人諸生

雜詠

今古同一理。天地相終始。大運本自然。人胡不知止。巍巍五岳山。洋洋四瀆水。視之若無奇。高深莫可比。積善者如此。積惡者若彼。欲觀今世人。須讀古人史。善惡有萬端。禍福歸一是。天地本無心。報施不得已。

游西山宿三清殿

昆海水溶溶。招提雲萬重。百年人是夢。昨夜我聞鐘。塵網知深省。煙蘿寄遠蹤。三山何處有。直上太華峰。

春夏之交感懷

淺夏如春日。漸長閒愁欲遣更無方。飛殘柳絮風仍亂。

落盡桃花水尚香。人易老時知事累。願難償處覺心忙。邇來正午惟思睡。一枕松風身世忘。

把酒玩山茶

盡日花間醉。每愁花笑人。紅顏都是酒。那得少年春。

東山寺

古刹日來往。深林無賓主。天風爲破禪。坐聽塔鈴語。

王毓麟字匏生昆明人嘉慶庚午舉人有藍尾軒詩鈔

村夜懷陳鐵舫用韋韻

空村悵閒臥。遠憶讀書客。遙知戀清賞。孤吟倚巖石。煙鐘發妙想。蘿月伴深夕。經旬無客來。青苔惟鳥跡。

夜宿山寺晨歸矚目

我家山前居更就山中宿愛茲好風月淸賞良夜足晨興躡歸屐巖巒麗初旭澗芳襲蓊蔚飛嵐染衣服林深人不逢潺潺第幽瀑出谷道未遠炊煙起茅屋

下第後寄鄉中親舊

峻坂置彈丸强弓引勁羽欲留不可得當機非自主丈夫生貧賤有家豈遑處問關踏風塵苦志廹一伸從來西江水不潤涸轍鱗撫鬢私自惜孤負長安春長安多貴族意氣恣遨游冠蓋蔭浮雲車馬若川流胡爲佳麗地斯人獨沈憂朝登黃金臺迢遞望鄉里萬里安能歸淚墮桑乾水

聽煑茶歌

玉鈎昏黃星斗斜。小窗竹几聽煮茶。轆轤素綆汲寒井。
蟹湯滿注堆雲花。烏金細琢煨榾柮。鷺毛轉雪風初發。
悄悄兀兀靜無聞。俄如歌女吟復歇。中有長號如寒螿。
孤鳴似怨秋宵涼。倏復螘聚競喧擾。窰脾春割蜂爭房。
火光燄燄紅舌吐。古鼎欲翻氣莽鹵。雲巖汨汨迸飛泉。
銀竹森森來白雨。瀑泉雜雨鳴嗷嘈。松風萬壑吹刀飀。
子規裂竹猨嘯樹。蒼龍怒捲湘江濤。戰車萬軸走犖确。
陣雲漠漠連天高。兩軍相感忽崩決。霜矛鐵馬羣奔逃。
天籟噓吸氣獨王。叫譹宎咬迭爲唱。相煎乃有不平鳴。
頓令頃刻殊萬狀。倚聽移時吟吻渴。綠塵且向瓊甌潑。
不待舌頭滋味回。新蟾脈脈高城沒。

典衣行

拙儒醫貧勝醫國。百孔千瘡補不得。十日春寒廚竈空。稚子凄涼少顏色。日暮歸來還自憐。蝸壁四顧徒森然。殘書數卷不堪煮。空囊羞澀無餘錢。夜吟莫厭春衣薄。蠹篋窮搜歸典閣。得錢暫博眼前歡。一束質帖常扃鑰。西風冷入嚴霜辰。閉門榾柮煨溼薪。敝袍揖客露兩肘。殘衫藍縷汚黃塵。昨來更作舌耕計。手指口畫枯右臂。故物一一猶堪贖。終歲經營月不足。衣回金盡囊又空。甕裏依然無斗粟。朝來轆轤鳴飢腸。人間那有餐石方。高歌大笑出門去。仰看天際飛鴻翔。

晚入圓通寺後禪院坐瞻嘯巖下

老藤如龍一百尺。平地拏空上青壁。濃陰倒覆石上亭。滿地苔花皺煙碧。鈴鐸不語晴無風。城頭落日林梢紅。山僧齋罷起禪誦。木魚響答空山中。棲烏啞啞爭選樹。冥色蒼然不可住。山後松門夜不關。幽人自來還自去。

雨出老鴉關

路抱孤峰起。雲穿一線通。山形獅口惡。地勢犬牙雄。亂石崩秋雨。迴溪吼大風。征行殊未已。心折見驚蓬。

喜至家

夜夜還鄉夢。今朝始是眞。一家無八口。兩地奉雙親。室暗蛛絲網。書埋鼠跡塵。自知桑梓樂。不敢怨長貧。

九日喜謝石臞攜酒見過

客裏誰相問勞君送酒來一樽同令節百歲幾銜杯世態黃花笑年光白雁催壯心當落日欲上最高臺

謝楊丹亭惠墨

遠惠兩隃麋開緘喜動眉難尋報稱物只寫寄君詩飲水吾原慣磨人古所悲從今思更苦染翰足吟資

山中晚歸

落日滿空山幽林人未還歸雲去杳杳流水聽潺潺鳥下孤峰暝僧敲一磬閑不知村路遠乘月叩柴關

夜至山寺

前溪見明月正照溪上峰一路踏松影半山聞夜鐘雲深尋老衲露重溼孤笻回首下方路暮煙深幾重

和石臞書懷原韻

客緒中宵集。寸心誰與陳。九州空有路。萬里更依人。歲歉愁鄉井。家貧貧老親。何年三畝宅。歸臥養閒身。

九日楚雄道中寄昆明諸友

一程斜日思悤悤。佳節無端逐轉蓬。樹帶晚蟬孤驛外。人鞭匹馬亂山中。黃花無賴欺愁眼。烏帽多情障晚風。寄訊登高故園在。奚囊詩好定誰雄。

北山書感

平生不愜旅游心。迴谷荒谿歎滯淫。霜冷寒鴟啼古廟。風生飢豹吼空林。人來遠道書難達。山近孤村日易沈。寄食此身歸未得。空憐越客動哀吟。

水里張氏居

茅茨星散數間廬。斤竹娟娟繞徑疏。山斷恰容流水過。地坳剛可一村居。臥溪苔彴牽牛渡。對岸瓜田喚婦鋤。長日不驚清夢穩。松陰深護滿牀書。

客中感興

欲託青雲未有因。短衣半染六街塵。秋空雁響思千里。客館燈寒夜一身。訪舊易逢同病客。憶歸偏別故鄉人。長安情味知多少。不敢分明報老親。

送萬香海贊府之官江西

征軺今喜出長安。身世牢愁且暫寬。古有才人嫁廝養。何妨名士困卑官。宦情似水閒仍好。客路無金別亦難。

領取貧交相望意。春風惟有勸加餐。

枳棘還看集鳳凰。南州贊治得仇香。人瞻寶氣知龍劍。客[illegible]神風過馬當。江上舊游棠蔭綠。腰間新綬菊花黃。遙知吏散題詩處。槐竹閒廳白晝長。

山館秋夜

山扉靜掩晚涼新。坐近花叢露溼巾。半夜空庭獨有月。一家修竹四無鄰。林間犬吠驚遙火。屋角蛛絲網舊塵。不厭浮沈甘放跡。栖栖贏得暫閒身。

客中書感

嘗遍天涯作客愁。此身默計總悠悠。雲霞無路尋三島。聲價何人動五侯。貧態祇增僮僕慢。豪情空憶管絃游。

縱教強遂平生志。歸去青山笑白頭。

春日懷戴古村

花時閉戶抱書眠。嘉詠如珠定幾篇。肯把文章千世譽。要將詩力證前賢。清齋好覓餐松法。廉俸常供賣藥錢。我苦病多君更癖。園林相別動經年。

月下聞寺鐘

半載同僧住。歸來悵月明。晚風倚枕聽。認得寺鐘聲。

翠海春日雜詩

籬落香吹豆子花。一株楊柳映門斜。游人苦愛春醅好。燕子橋東賣酒家。

玉龍祠畔草新齊。汀暖煙深浦樹低。六尺小船呼不應。

水禽沙鳥向人啼。

近華浦泛舟

柳花如雪杏花殷。共放扁舟下釣灣。脆管哀絲渾聒耳。
閒依桅尾看青山。

見新月

破暝含煙照小樓。晚歸人見乍回頭。從今看到團圞夕
一線光生一線愁。

春曉即事

悵臥春朝思不禁。打愁風雨又春深。好花開盡游情歇。
獨立池塘看綠陰。

春宵即事

惜春長是怕春殘。開盡名花又幾般。尚有一窠紅躑躅。
夜深燒燭更來看。

題竝肩美人圖

碧檻紅窗夜悄然。深閨姊妹鎮相憐。孤棲不管嫦娥妬。
私語桐陰卻竝肩。

苦吟

三更吟苦不知眠。四壁無聲山悄然。惟有深宵下弦月。
和燈相伴小窗前。

山寺訪楊右淇

山水蒼蒼一徑分。翠微深處午雞聞。幾回踏破青苔跡。
半為看山半訪君。

山中送客一首 東右淇

山人送客渾忘遠。一路談詩過石橋。更坐橋頭不忍別。溪風林葉晩蕭蕭。

雪夜作家書

平安書報路迢迢。臘雪寒燈記此宵。算得鄉園書到日。慈親生日正花朝。

胡天培 號雲樓廣通人嘉慶庚午舉人官滑縣知縣

戒殺和東坡岐亭詩韻

肥醲善腐腸。害如飲堇汁。老饕恬不知。若蛣蛆赴溼。三和更九沸。貪婪意未得。可憐物命輕。枉爲口腹急。戕及脫殼鶖。臙彼將雛鴨。宛轉刀俎間。腥氣暗蒙冪。芍藥未及和。碁凡先已赤。家風本寒素。旦夕屢三白。往往飲食八。見我笑顛憤。幸有負郭田。獲免向隅泣。萬錢同一飽何盈又何缺。聊將惻隱心。式箴肉食客。夭胎苟無傷。庶幾鳳凰集。

李瓊霙 號玉菴霑益人嘉慶庚午副貢

山寺

蘭若始何代。到門多綠蕪。蛛絲網石甕。蝸字篆金鋪。牆缺寒雲補。樓欹古柏扶。一燈相照處。奉佛老僧孤。

談錫福 字用敷號竹師蒙自人嘉慶辛未進士

黃菊

老圃蕭云豔不寒。一枝籬落當金看。傲霜獨占中央色。

綴蠟還羞萬點丹。寶氣應增貧士饑。黃衣偏稱野夫冠。
斜陽變縱籬邊酒。采得落英供夕餐。

丁運泰號保堂石屏人嘉慶辛未進士內閣中書官至同知

留鬚

陸雲大笑眞絕倒。世人但道汝鬚好。石頭城邊褚彥回。
如此丈夫亦草草。我鬚不知短與長。種纔出土秧纔芒。
叉手句難成。聳肩吟益苦。鬚無可撚詩不神。擲筆眞思
拔劍舞。搓鬚覓句傷鬚多。朝朝暮暮供摩挲。數莖那禁
一再摘。翻欲醉酒驅詩魔。噫嘻乎。吟成鬚斷計亦得。勿
使傍人近汝側。

歲暮與樂曉園聯牀賦贈

有味蘭交劇耐嘗。與君高臥傲羲皇。雨風不隔東西屋。湖海何分上下牀。客裏思家交枕話。夢中得句擁衾商。彭城兄弟猶難合。歲暮匡居未可忘。

宦跡

宦跡浮沈海上鷗。鄉關客夢入清秋。人民劫後看城郭。石屏自辛未後災疫頻仍已十年矣山水童時憶釣游。涉世未工防畫虎。歸田纔樂穩騎牛。慙予有祿仍虛餐。婚娶兼縈向子愁。

訪許魚泉城北

城外尋君景物幽。天街逐熱避鳴騶。清風不道無消息。一畝椅花一酒樓。

滇詩嗣音集卷十五終